「藤原正遠講話集」

第二巻

法藏館

昭和６年頃（26歳）

平成５年　藤原正遠（88歳）　藤原利枝

藤原正遠講話集　第二巻　目次

与わったレコードの線……3

善悪の宿業をこころえざる……60

目　　次

無礙の一道

藤原正遠師を想う

「藤原正遠師を想う」執筆者

第一巻　正信偈

序　藤原正遠師の思想と信仰　池田勇諦
大法界を思うがままに　楠　達也
藤原正遠師と佐々真利子さん　藤原正寿

第二巻　法　話

藤原正遠師と共に歩んで　藤原利枝
はじめての正遠先生　柳沢　良
正遠先生、そして一ツ屋のこと　黒田　進

第三巻　法　爾一

信の風光─藤原正遠師のこと　金光寿郎
父を偲ぶ─念仏に生かされた人　三上正廣
正遠先生と「あや雲の会」　原　寛孝
地獄の下の阿弥陀さま　谷　栄子
一期一会の握手　助田小芳

第四巻　法　爾二

藤原正遠師と坂東報恩寺　坂東性純
藤原正遠師と私　土井紀明
遠く宿縁を慶びて　藤谷知道
恩師藤原正遠先生についての思い出　井上初美
第二の父　藤原千佳子

第五巻　歌　集

雪道行きつつ南無阿弥陀仏　西川和榮
「お与え」と「おまかせ」　林　貞子
自然を詠まれた詩に心を癒されて　依田澄江
想い出の父・正遠　藤原正洋

藤原正遠講話集　第二巻　法　話

与わったレコードの線

一本のレコードの線

一期一会という言葉がございます。私、今年も北海道へ行きまして、向こうでお話をしてまいりました。今度は長崎へ来て皆さんにお会いしているのですが、これがお別れになるかもしれないというようなことです。

つい最近、六月二十一日に、いつもこちらの会にきておられたKさんが亡くなりました。その前にはOさんが亡くなられた。次々とこう、Yさんも亡くなられました。こうやってお会いしているけれども、ご縁が出てくると、お別れになります。私たちは自信のある間はそこで生きられるけれども、だんだんそういうふうに周りがつぶれてくると不安が出てきます。

お釈迦さまも、そういう不安が出たのです。どうも心の中に落ち着きが出てこなくて、安心のできる世界はないかと模索なさった。そして、そういう安心の世界を見出だされたところに、仏さまに成られたわけです。仏に成るということは、胸のいろいろなしこりがほどけることだと、私はいつも申しております。

お釈迦さまは何を悟られたかというと、今ご一緒に唱えた「三帰依文」の三宝ということが、お釈迦さまの胸にほどけられたのだと思います。はじめの「大道を体解する」ということは、私自身が有って私がここに在るのではない。私を私たらしめている力がある。私を生んだ父、母でない、もう一つ以前に、大宇宙を永遠から永遠にかけて間違いなくきっちりと運行している活動力があって、その大宇宙の活動力からこの身が命を受けていると知らしめられたのが「大道を体解する」ということです。

このところ私はよくレコード盤の話をしております。ある人が私に、「先生、レコード盤の筋は何本あると思いますか」と聞くから、「そりゃ、大きいレコードは筋の数が多いし、小さいレコードは少ないだろう」と言ったら、その人、笑いながら「あれは大きい盤も小さい盤も同じことで、筋は一本しかありません」と言う。

なるほどそうだ。筋は初めから終わりまでが一本です。レコード盤が回転するにつれて一本の筋の上を針がたどっていくから、歌をうたったり話をしたりする。針が溝からちょっとでもそれると、もう歌になりません。溝が何本もあったら、レコードのはたらきをしません。私たち一人一人も大きなレコード盤を持っていると思うのです。

こうやって息をしている間は、そのレコードが回っているわけです。

仏さまというのは、大宇宙を間違いなく動かしてくださる不変のお命のことです。私たちは壊れるということが怖いのだけれども、この世界はそういう壊れない法則の通りに動いていて、それでまた細かくいえば、その無限の法則がここにこうしているわけです。それが一つのレコードを持っている。私たちの命が母親のおなかに宿った時には、もうレコードは動きかけています。そしてオギャーとこの世に出てきたときには、レコードはだいぶ回っているのです。皆さんはレコードがどのへんにきていますかねえ。今年中にレコードが終わる人があるかもしれないし、この先まだ十年以上も回っているかもしれないし、それはわかりません。向こうのレコードなのですから。

私たちはそのレコードが自分のものだと思っているけれども、私のレコードではないのです。私のレコードで何でも私でできるのなら、年を取らなければいいし、腹も立てなければいい。足も痛くならなければいいし、耳も遠くならなければいい。しかし向こうさまのレコードだから逃げ道がないのです。それなのに私たちは、そのレコードから何とかして逃げようと思って、苦悩しているわけです。

お釈迦さまもそのレコードから出ようと思って苦悩なさったのです。けれども、いくらやってもこのレコードからは出られないといって、とうとう往生なさったわけです。出られないと思っている間は、まだ思いがある。本当に出られないということになったら、レコードの中にちゃんと自分が帰って入り込んだのです。入り込んでみたら、うまい具合にレコードが回るようになっている。これを機法一体というのです。私が回っているのは、向こうさまが回しているからです。

今日はレコード盤のことでもって仏法の話を了解していただこうと思っています。いろんなレコードがあるわけですが、これはもう勝手に変えるわけにはまいりません、カボチャはカボチャのレコードで、先祖伝来カボチャの顔をして出てこなくてはならないし、スイカはスイカの顔をして出てこなくてはならない。雀は雀のチュンチュンと鳴くレコードです。皆さんも知らなかっただけで、如来さまの回すレコード盤の上で、いま針が回っているわけです。

レコードの線は一本でしょう。それを私たちは分けるのです。良い日、悪い日。損した、儲けた。あんな悪いやつはない、こんないい人はない。自分のレコードがわかると、「ははあ、あいつはレコードが今腹を立てているなあ」「今レコードが泣いているわい」と、他人のこともちゃんと法にかなって見えてきます。その世界では自分の力で怒るわけにいきません。レコードが怒るところに来ると怒るのだし、泣くところに来ると泣くのです。そうでなければレコードになりません。

それには逃げるだけ逃げてみなければレコードの線に帰ってこないのです。こちらの自由にしようというのは、レコードの線から離れようということでしょう。われわれのいう自由とは、そうではないですか。定まったレコードの線から離れようとするが、いくらやっても離れられないので、とうとうこちらが往生する。レコードの世界に往生したというのは、もう逃げられないということになって親のお仕事の中に帰って来たということでしょう。

阿弥陀仏を信じて自分の人生に帰る

しかし、我々は自分ではなかなか帰れないのです。帰る道は、南無阿弥陀仏が橋渡しになるわけです。子供が外から帰って来たとき、学校でいじめられたとか、いろいろのことがあると、やっぱり生んでくれだ母親のところに「母ちゃん！」と言って帰って来ます。返事がないと、また「母ちゃん」と呼ぶ。三べんほど呼んで「はぁい」と応えてもらうと、それで安心します。そのように「ナンマンダブツ」と言うと、何か胸がスーッとする。あれはレコードの線から逃げようと思っていた手が取れて線の上に帰るから胸がスーッとするのです。そんな意味で、私は南無阿弥陀仏という橋渡しが本当にありがたいと思います。

念仏でホッとしない人もあるかもしれません。しかし、いっぺん念仏でホッとすると、またひとりでに念仏が出なさる。行き詰まって、どうにもならなくなって「ナンマンダブ」と出なさると、何かこう軽くなります。もうそれが最上の宝です。

あれがお慈悲なのです。それを詮索していくと、まことに簡単なことではあるが、理由がある。どういうことかというと、全宇宙が、何を見ても法則の通りに行っていて、もう寸分の狂いもないでしょう。ナスの種からは、ちゃんとナスが出る。しかし人間だけは、自分は何とかすれば何とかなると思って、いろいろやってみるわけです。けれども「いずれの行もおよび難し」で、どうもならないところに、レコードを作られた仏さまから「南無阿弥陀仏と称えなさい」と呼びかけられているわけです。

「わしの世界は善いとか悪いとか、そういうことに関わらなくていい」というのです。この世の中は善いとか悪いとかで裁かれます。おまえは悪いやつだ、おまえは頭がよくない、とか何とか言って裁かれるけれども、阿弥陀さまの世界はそんなことには関係がないのです。「このわしの仕事でおまえはやっているのだから、おまえが困れば困るほど、わしだけはおまえを捨てない」というのです。

「本願を信じ、念仏もうさば仏になる」ということを、「信ずる」というところに力が入って、本願というのがどうもはっきりしていない。だから難しいのです。本願というのはどんなものだろうか。「本願を信じ、念仏もうさば仏になる」ということは、レコードの線に帰ってくるということです。線に反抗せずに、線の通りに回ると、歌をうたうのだ。本当は、レコードはもう回っているのです。回っているのだが、初めはそれがわからずに、何かこう自分の自由を探してレコードの線から出ようとする。しかし、その線に添えば軽くなるのです。あるいはホッとするわけです。

私たちは今まで仏法を聞いてきましたが、「聞いて来いでない、覚えて来いでない」というのです。今も聞いていますが、「聞いて来い、覚えて来いと、そんな条件はつけない」ということを聞くわけです。本願というものは、聞いて来いでない、覚えて来いでない。それから、話がわかって来いでもないのです。わからなくてもいいというのだ。善いことばかりして来いという条件をつけないのです。善いことばかり出ればいいけれども、善いことが出なくて困ったこともありますよ。家庭円満でなくてもいい、いくら喧嘩しても、わしだけは救うというのが本願です。信じた者だけを救うとはおっしゃらないのです。信じられない者も、わしだけは救うとおっしゃる。その信じ方が、「信じられない者もわしだけは迎える」という、その本願を信ずるのです。

『歎異抄』には「罪悪深重煩悩熾盛の衆生をたすける」と書いてあります。罪はいかほど深くとも、わしだけは迎えるというのです。罪悪が出なくてもいい、胸で始末のつかないものはいろいろあります。まずいえば、罪を犯した人、それから学問して行き詰まった人もいる。煩悩が胸の中に出てくるわけです。忘れようと思っても、また出てきます。親子でも、自分の産んだ子供であっても、親のいうことをきかない子がいる。自分の産んだ子供に腹が立って、こんな子なら死んでしまえとまで思うような、そういうあさましい心が出る。けれども、そういう者を、「わしだけは見捨てないから、わしのところに来い」と喚んでいらっしゃるのが、阿弥陀さまです。

阿弥陀さまを信ずるという時に、阿弥陀さまの何を信ずるか。善いことをして来いというのを信ずるのではないです。始末のつかないものを助けるとおっしゃるのを信じて、念仏するのです。そうすれば、もうこちらでは始末がつかないということになると、そこしか行くところがないから「ナンマンダブツ」と出るのです。お経の言葉なんかをたくさん覚えて、偉い者になるのではないのです。本当に自分の始末がつかない者を「わしはこのレコードを作った親だから、わしに責任があるのだから、おまえが何をやったにしても、ともかくわしがレコードの線を引いたのだから、わしのところに来い」とおっしゃるわけです。

子供が親に抱かれたように、「ナンマンダブツ」と言うと、ホッとするのです。

ホッとしたのを慈悲というのです。後から考えると、どうもごまかしみたいな、まやかしみたいなと思うが、あとの分別でそんなことを思うのであって、それは話が違うのだ。ご飯を食べて腹がふくれてから「あのご飯はちょっと…」と、いろんなこと考えるけれど、食べて腹がふくれれば、それでいいではないですか。それでも如来さまを信ずるということは、またすぐお念仏が出ます。いっぺん道がつくと、またスーッとそこに行くのです。

困ったときにこそ呼ぶ南無阿弥陀仏

ある人が言いなさった。

「私は病気の症状が重くなって、もうどうもこうもならなかったとき、ナンマンダブツ、ナンマンダブツと南無阿弥陀仏が出てくださいました」

いくら南無阿弥陀仏と言っても、病気は治らないのです。治らなければ治らないほど、ナンマンダブツ、ナンマンダブツと、こう出なさる。病気を治してもらうのではないです。治らないから、「わしのところに来い」とおっしゃるから、南無阿弥陀仏と出なさるのだ。「わしのところ」というのはどこかというと、レコードの線に帰るのです。帰ってみれば、レコードの線は、悲しい時は泣いているし、うれしい時は笑っているし、不平を言う時は不平を言っている。そのままが如来さまの作られた線です。レコードの線に帰るということは、如来さまの世界には善悪浄穢というものはないのです。そんなことで「ナンマンダブツ」とは言わないのだ。線のとおりに回っているのです。

病気が重ければ重いほど、こちらはそこから出たいのです。出たいけれども、どうしても出られないものだから、「わしのところに帰って来い」とレコードの線が喚んでいらっしゃるのです。そのレコードの線は誰が作ったかというと、この全宇宙を動かしてくださっている法則が作った。それを人格化すれば、阿弥陀仏です。阿弥陀仏が「わしの線に帰って来い」とおっしゃる。いくら逃げようと思っても逃げられないから、どんな罪があっても、「よきことも、あしきことも業報にさしまかせて、ひとえに本願をたのみまいらすれば」と、こうおっしゃるとおりになるとホッとするのです。それできっちりと理屈に合っている。

その人は続けて言うのです。

「病はどうやら快復したのですが、達者になったら毎朝お仏壇に行くのが面倒で、お参りしないようになりました。お念仏も出ないようになりました。時たまお仏壇に行って、阿弥陀さまに、このごろちっともお念仏しなくなって申し訳ありませんと言って、お詫びしているのです」

それで私は言った。

「そしたら阿弥陀さまはどう言われましたか」

「……?」

「そりゃ、阿弥陀さまのお顔を見んからじゃ。今日帰ったら、お顔を見なさい」

「先生、お顔を見たら、阿弥陀さまはどうおっしゃいますか」

「阿弥陀さまはこう言いなさる。わしがそうさせたのに、なんでおまえ、そんなに懺悔せにゃならんか。達者な時は親を呼ばないようにしてあるのだし、病気になると親を呼ぶようにしてあるのだ。達者な時までわしを使うなとおっしゃるわい。阿弥陀さまがお出ましにならん時は、親孝行している時じゃ」

と、私はそんな返事をしたのです。これ、納得できますか。冗談でこんなことを言っているのではありませんよ。自分でお念仏を称えていると思っているから、南無阿弥陀仏が出たときはいいが、出ないのは申し訳ないと思っているけれども、喚ばれて呼んで、呼んで喚ばれる世界が、親子の世界なのです。

夫婦でもそうですよ。呼んで呼ばれて、呼ばれて呼ぶ世界。妻が「あなた」と呼ぶには、夫がいなければ言わないでしょう。夫がいないのに「あなた、あなた」などと言っていたら、ちょっとへんですよ。男の人は女房に「おまえ」と言うのでしょうか。でも、どこの女の人に対しても「おまえ」などと言ったら、ひっぱたかれる。お互いに、これは夫である、これは妻であると信じているから、「あなた」「おまえ」と言うのですわな。これはもう一心同体、いや一心別体か。それが夫婦です。

阿弥陀さまを信ずるというのは、そういうことです。罪が深くてどうにも始末がつかないと自分で言っているのは、レコードの線から出ようとしているのだ。そんな理屈は言わずに、「おまえがどんなことしたにしても、わしだけは救う」とおっしゃるのです。救うということは、達者にしてやるというのではなくて、「まあ来なさい」とおっしゃるのです。「ナンマンダブツ」と言うと、ちゃんとレコードの線に乗るようになるのだ。また、そのレコードの線がいやで、「自分だけがどうしてこんな…」と言って不服を言っていてもどうにもならないから、やっぱり「ナンマンダブツ」と言うと、ちゃんと線の上に乗るのです。線は、悲しい時は泣いているし、うれしい時は笑っているし、いやな時は相手を憎んでいるし、気に入ると相手をかわいがっているし。あれがみんな如来さまのレコードの線なのです。

宇宙を動かす大法則のままに

このところ私はレコードの話ばかりしているのですが、皆さんも生まれた時から如来さまのレコード盤を一つずつもらっているわけです。そうすると、他人に対してもまた善い悪いで批判しなくなる。「あの人はあんなに怒っているが、レコードが今怒る場所に来ているのだなぁ」というわけです。それで楽になるでしょう。今日まで怒ったのも、あなたが怒ったのではない、レコードが回っていたのだ。また、これから先レコードがどんなように回るかわからないけれども、もう私には如来さまのお仕事しかないから、「ナンマンダブツ」というと、またレコードの通りにいくわけです。

本願ということは、仏法をよく聞いた者だけを迎えとるか、学問のある者だけを迎えとるとか、そんなことではないです。万物を生み出している間違いのない親だから、責任は親にあるのです。ヘビはカエルを呑むが、あれはヘビが呑んでいるのではないのだ。如来さまのレコードが、ヘビにはカエルを呑むようにしてあるのだ。そして憎まれるようにしてある。カエルは呑まれていとおしがられるようになっているのでしょう。ヘビが「私は先祖伝来カエルを呑みまして申し訳ありません」と懺悔したなど聞いたことがない。ただカエルを見ると、うれしそうに呑むだけです。

私たちの人生も、ヘビになったり、カエルになったりしている。だいたいのところ女はカエルで男はヘビらしい。男は積極的で相手を押さえつけていかなくてはやっていけんし、女はいやじゃいやじゃと言って負けている。男は罪が多いです。まあ電車なんかに乗っていて、女の人の話を傍で聞いていると、もう人の噂ばっかりだ。あれは善人の証拠です。自分が善い人間だと思っているから、楽に人の悪口が言えるのだ。男は悪人で自分の身に覚えがあるから、へらへらと笑っていなければしょうがないわ。それで男はそれほど他人の悪口を言いません。

昔から「大蝮のホウ笑い」といいます。大蝮というのはどんな虫か知りませんが、何か臭い虫だそうな。ホウというのも臭い虫らしい。その大蝮がホウに向かって「おまえ、臭いやつじゃ」とけなしたら、ホウも負けずに「おまえこそ、おれよりずっと臭い」とやりかえしたというのです。

そんなようなもので、自分がそういうことがあると、他人のことはあまり言えないものです。そんなことはどちらでもいいが、自分が犯した罪が忘れられない、また自分で始末がつかないというところに「南無阿弥陀仏」というと、そのレールに乗って、そのレコードを作られた親が責任もってくださるのです。肩代りしてくださるのだ。肩代りするとか、責任持ってくださるとかいうのは、方便的な言い方ですが、大法がどうとかと難しいことを言うよりも、やっぱり肩代りしてもらうから何かホッとするのですから、これでもいいわけです。

今、本願の話をしているのです。「本願を信じ、念仏もうさば仏になる」。その本願というのはどこからお出ましになったかというと、病気を治してやるというようなところから出ているのではないです。家庭を円満にしてやるという仏さまではないのです。家庭円満にしただけでは、また喧嘩が出るかもしれんし、円満の中からでも人は死んでいきます。金儲けさせてやるという仏さまがある。試験に合格させてやるという仏さまもある。ところが、阿弥陀さまはそんな人ではないのです。阿弥陀さまの出どころは、この全宇宙を、地球だけではない全宇宙を完全に動かしている大法則なのです。

それは善かろうが悪かろうがそんなことに関係なしです。善くても悪くても、時節がくれば呼吸はポッと息は切れます。善くても悪くても交通事故に遭うときは遭うのです。なぜなら、その法則のレコード盤が黙って回っているからです。ですから争いをしないようになるのではないのです。レコードが回っている時には、争いもするようになっているし、交通事故に遭うようにもなっているのです。私たちは、それは困るのだ。けれども、争いを治めてくださる神様に参っても捨てられる。病気を治してもらう神様にも捨てられる。みんなに捨てられたその一番下のところで待っていてくださるのが、阿弥陀さまなのです。

「いずれの行もおよびがたし」で、どうしても線から逃げられないところに、法則の世界に帰るより他に救いはないのです。それが自分では帰られないから、万物の親として阿弥陀さまが、「おまえが困り果ててどうにも行き場所がなければ、わしだけは救う」と言われる。そしてそこに「わが名を呼びなさい」とおっしゃるから、「ナンマンダブツ」と称えるところに、法則の中に帰ることになるのです。また、法則から出よう出ようとしていても、いっぺん帰ることができれば、また法則に帰るわけです。

しかし法則にも楽な法則があります。このときは親を呼びません。楽でない法則のとき、こちらの始末がつかないときには、親のほうが出なさるのです。助けてくださいという念仏ではないです。助けてくださいというのは、その線から外に出して自由をくださいということですけれども、もう助けがないから「ナンマンダブツ」、自分にはもう始末がつかないから「ナンマンダブツ」と言うところに、法則の世界に帰る道が開ける。それが「本願を信じ、念仏もうさば仏になる」ということです。法則に帰れば心がほどけます。

みんな因縁果というわけがあるのです。如来さまの因によって縁があって、それが出ているわけです。「私はどうしてこんな苦労をしなくてはならんか」と思っていても、南無阿弥陀仏と称えてレコードの線に遇えば、心がホッとするようになるのです。それが本願の念仏です。親鸞聖人がその本願念仏にお遇いになった感動が『正信念仏偈』に書かれているわけです。

初めはまだ、念仏すれば死んだらよいところへ行くとか、あるいは大難が小難に逃れられるとかいう夢を描いていたのです。お話を聞くと心がサラッとするとか、いろんな要求をもって念仏していたが、サラッとする日もあるけれども、念仏しても暗くなる日もある。最後にそこまで落ちてきたら、心の暗い日というのも、暗くなるようなレコードの線の上でしょう。明るい日も、やっぱり線の上なのだ。そういうふうに、そのままの救いになったのです。また「智慧海のごとし」というのは、全部がその法則で動いているのだという仏さまのお智慧なのです。それがまた慈悲だということになると、こっちが呼ぶのではない、親のほうから呼ばれてこっちが呼んでいるわけです。

心が暗くなるというのは、レコードの線から外れるから暗くなるのではありません。夜は暗いでしょう、それは脱線ではない。昼が明るいのも、線から外れているのではないです。それを私たちは夜まで明るくしようと思って、一生懸命になっているのだ。

仏さまは知らん顔をしておられるが、夜になると暗くなるし、昼になると明るくなる。だから、仏さまの世界では、腹が立つとか、愚痴を言うとか、暗くなるとか、そんなところでものをおっしゃらないのです。ただ、「おまえは与わった一枚のレコードの一本の筋の上を歩いているのだぞ」と、その一本の道を教えてくださるのが、南無阿弥陀仏です。

そのままという。そのままということは、腹立ちのまま、愚痴の出たままです。腹立ちも愚痴も出るけども、いっぺん南無阿弥陀仏の線の上に乗れば、人さまもそんなふうに線の上を歩いているのだということが見えるのです。

阿弥陀仏の大法にそむき続ける人間

こんな話をすると、聞いているほうが頭で聞かれるから、「先生、そんなことなら努力しなくてもいいのですか」と質問がきます。でも、努力するというけれど、線が努力するのですよ。あいつが怠けているというように見えるけれども、線が怠けるようになっていると、怠けるのでしょう。酒呑みなんかでも、あんなに呑まなければいいのにと思うのだが、線が飲めというものだからなあ。呑んべいの亭主をもった女房は、苦労が多いだろうなあ。いくら小言を言っても亭主は酒をやめないし、どうにもならん。あんな男と一緒になっていなければいいのにと思うけれども、あれも線の上で一緒になっているのでねえ。だが、万策尽きて南無阿弥陀仏となれば、酒飲みを旦那さんにもった人は阿弥陀さまに遇うのが早いですよ。お救いというが、南無阿弥陀仏しか最後の救いはないのではないでしょう。

我々は毎日、線から出ようとして苦悩しているのです。しかし、いくら苦悩しても出られない。出られないから、「南無阿弥陀仏」と「本願を信じ、念仏もうす」しかないのです。本願というのは「どんなものでもわしは引き受ける」とおっしゃるのだから、困り果てたところにそれを信ずるのです。信じたということは、お念仏が出たのです。お念仏が出たらホッとする。ということは、線の上に帰ったのです。

線だけが真実で、生まれた時から息の切れるまで、レコードの線は回っているわけです。自分の都合からいえば、レコードの線は気に入らないでしょう。何か出る道はないかと、昔の人も比叡山に上って苦労して探されたけれども、あれは逃避の道を探されたのです。修行というのは逃避なのだ。二十年も比叡山で修行なさったというと、何か偉いようだけれども、レコードの線から逃げ出そうという逃避の道を探されたのだ。けれども「いずれの行もおよび難し」で、与わったレコードの線というものは逃げられないのです。

我々はレコードの線の上で自分の身を一生懸命に守るようにしてあるのです。ともかく、わが身一つが持ちものですから、そうしてあるのでしょう。だから、我々は人を恨んだり愛したりしているが、愛情も憎悪も同じことなのです。こちらに都合のいい人はみんないい人に見えるし、都合の悪い人は悪い人だということになる。それがレコードの決めたことなのです。

怒ることなんかもそうです。宗教を信ずれば怒らないようになるし愚痴も言わないようになるなどと思っている人があるが、そんなものではないです。南無阿弥陀仏の信心は、怒っても障りにならないし、愚痴を言っても障りにならないのです。レコードの線に乗れば、「ははあ、レコードが今怒っているわい」「レコードが恨んでいるわい」とこうなる。それで楽になるでしょう。いっぺん線に乗れば、どんなことでもレコードの責任はレコードにあるのです。レコードは誰が作ったかというと、阿弥陀さまが作られた。だから責任すべて阿弥陀仏にある。それでちゃんと法に適っているのです。それを我々は善いとか悪いとかで裁いて苦悩しているのだ。皆さん毎日そうやっているでしょう。

私が「自分が腹を立てているのではない、レコードが腹を立てているのだ」と言うと、すぐ「それなら腹を立ててもいいのですか」と言う人があるけれども、腹立ちはいいことではありません。しかし、悪くても腹は立っているではないですか。それをどう始末するかということです。それにはレコードに責任をもってもらえばいいのだ。そのレコードに行く橋渡しが、南無阿弥陀仏です。

いっぺんレコードの線に遇えば、レコードがちゃんと回っていると楽でしょうが、ところがすぐまたレコードの線から外へ出ようと思うのだから、阿弥陀さまも忙しいわい。行ったり来たりして、長い間阿弥陀さまの線に乗らずにいる。橋渡しに乗らずに、阿弥陀さまと喧嘩して、最後にはとうとう阿弥陀さまに打ち負かされるのだ。そうして今度は親のところに行って打ち首になる。打ち首になって死んだのかと思ったら、生き返って六字のご褒美までもらったのだ。

だから念仏が出るようになるまでには、だいぶ阿弥陀さまに反抗したのです。アメリカに無条件降伏するときには、日本はだいぶ反抗したのだ。この間、息子がハワイへ行ったら、真珠湾に沈められた軍艦があって、そこに死んだ人の名前がずっと書いてあったそうです。向こうにしてみれば、それは当然でしょう。こっちはまた原爆を落とされたのだから、行ったり来たりですわなあ。しかし、それがそのまま大宇宙のレコードで、いつも平和であってほしいのだけれども、平和も喧嘩も、みんなレコードがそのように回っているわけです。

ありのままの人生を生きる

無上上は真解脱　　真解脱は如来なり
真解脱にいたりてぞ　　無愛無疑とはあらわるる（『浄土和讃』「弥陀和讃」）

というご和讃があります。無愛というのは、如来さまの活動には人間的な愛情がないということです。依怙贔屓もなければ、盲愛もない。それだから、どんないい人であっても、決まった日がくればプッツリと呼吸が切れるのです。そうしなければ、この宇宙が動きません。私たちは愛情がほしいのです。阿弥陀さまにおべっかを言って、ナンマンダブ、ナンマンダブと猫なで声を出していても、いくら言っても同じことで、そういう猫なでの愛情を願った念仏には棄てられるわけです。

しかし、これが本当の愛情です。真理に遇ったわけです。そして、私もこの宇宙の大法則の中をちゃんと歩いておりましたと、この身に知らせていただいた。こういうことが本当の慈悲でしょう。それをお釈迦さまは「天上天下唯我独尊」とおっしゃった。「唯我独尊」というのは、他人と比較して相対的に「わしだけが独り尊い」ということではないです。「私は法身であります。大宇宙の法則の通り、私は今日まで来ていました。そして現在も未来も法の子でございました」とおっしゃったわけです。「我即妙法蓮華経」という言葉もあります。妙法ということは、大宇宙の原則です。

その原則の中から、蓮華の花のごとくあなたの法則の子供として生きております、ということです。

憎むことも愛することも、みんなそれが大宇宙の法則なのです。だからといって馬鹿みたいなようになるのではありません。くどいようですけれども、本願というのは法ですから、法からいえば罪はないのです。ヘビに罪はないのだ。法則が、ヘビはカエルを呑むようになっているし、カエルはヘビに呑まれるようになっている。私たちの生活は、ヘビかカエルか、どちらかだねえ。

しかし、その下に南無阿弥陀仏となると、憎んだままに「ナンマンダブツ」と言うと、何かこうホッとします。「レコードが憎むようになっているのだ。泣いたり吠えたりしているが、それが親の仕事なのだ。レコードの線に乗っているのだ」と、それが知らされれば、今日まで泣いたり吠えたりしたのが楽になります。それを、そのままの救いというのです。私たちは逆に、レコードの線から脱線したから泣いたり吠えたり恨んだりしていると思うのだが、そうではない。向こうの線に添っているから、泣いたり吠えたりしているのです。線の通りに回って、そこから出られないのが私たちです。線に添えば、腹を立てたまま何かホッとする。ホッとしないかもしれませんが、ともかくそういう救いなのです。レコードの線から逃れられないということが救いなのです。そんなことは話ではないです。南無阿弥陀仏より他には、線に乗せる道はないのです。

「盤珪禅師語録集」（岩波文庫）というものがあります。盤珪禅師という人のお説教が集められているのですが、読んでみますと、初めのお説教も次のお説教もほとんど同じ、その次のもまた同じお話で、ほんの少し違うところがあるだけなのです。同じようなことなら、あんなふうに何度も書かなくてもいいのにとも思うけれども、しかし、そのお話が全集になっているのです。私も、四国に行って話をしても、福岡に行って話しても、どこに行っても、話の内容からいえば同じ話をしています。同じ一点だけを話しているわけです。一点だけをはっきりしたいからなのです。

こちらでは、私の話をテープに録音したものを皆さんが苦労して印刷してくださるけれども、ああやって文字に残されると、今度長崎では違った話をしなくてはならないかというふうに思えて、気がもめる。私としては、本当は印刷にせずに、皆さんに何べんでも自分でそのテープを聞いてほしいのです。あれを書かれると、「おや、前と同じ話がまた…」というようなことになるから、多少有難迷惑なようでもある。何か学問をするのなら、異なったことをたくさん覚えなくてはならないということもあるけれども、私の話は学問ではないです。

『歎異抄』に「本願を信じ、念仏をもうさば仏になる」（十二条）とあります。この一言が承知できれば、浄土真宗の教えは足りる。もしできないならば、百万部の本を読んでもこれを徹底しなさいというように言ってあります。

盤珪禅師は、「おまえ、おまえが生まれたのではないぞ。仏の命から出ているのだぞ。不生じゃ、不生じゃ」というようなことを言われる。いうならば、「どの雀でも、雀が生まれたのでないぞ、チュンチュンと鳴いているのは、あれは雀が言っているのではない、法のレコードが回って、雀のレコードは永遠にチュンチュンと鳴くように回っているのだ」と、そういうことばかりが書いてあるのです。

だから、私もそればっかりです。私のレコードはそういうふうに回っているのだ。親鸞聖人も、「本願を信じ、念仏をもうさば仏になる」と、それだけです。そのことがもし分からなかったら勉強しなさいとおっしゃる。勉強して答えが出るのではないです。どこまでも「本願を信じ、念仏をもうさば仏になる」、この一言なのです。

「本願を信じ、念仏をもうさば仏になる」というのは、お念仏によって皆さんの心がほどけるということです。「南無阿弥陀仏」となると、今まで心にあったことが、何かこうほどけるのです。どうほどけるのか。そのことを蓮如上人は、

生まれはじめしよりしてさだまれる定業なり。（『御文』四帖目九通）

とおっしゃっておられます。

当時このごろ、ことのほかに疫癘とてひと死去す。

流行病で人が死ぬ。しかし、これは悪い疫病が流行したことが原因で死ぬのではない、生まれはじめてから定まった定業によって死ぬのだ、とおっしゃるのです。定業というのは、もうちゃんと決められたレコードだということです。

ただ言われたのではありません。蓮如さまご自身の長い間の人生経験の上で、どこか自分の気に向くところはなかろうか、いいところはなかろうかと、いろいろ逃避の道を探されたけれども、とうとう南無阿弥陀仏が橋渡しをして、「自分という者がいるのではない。この狂いのない大法の中から、私にも私だけのレコード盤が与えられていたのだ」と、その身に知らされなさったのです。

その上から見ると、人は「ああ、あの人もこの人も流行病で死んだ」と驚き悲しむけれども、「さのみふかくおどろくまじきことなり」とおっしゃる。驚くにはあたらない、実はみんな如来さまのお命《いのち》として決定されていることなのだというのです。その世界を知らせるために本願が建ててあるわけです。

自力を捨てた南無阿弥陀仏

本願というのは、「どんな苦悩があろうと、どんな障りがあろうと、みんなわしの法から出ているのだから、この法の世界まで帰って来なさい」という如来さまの思し召しです。その法の世界にどうやって帰るのか。子供というものは母親の胎内から身も心も出ています。出どころは母親です。だから子供は切ないときに「お母さん！」と呼んで、そこに母親と連絡がとれるからホッとするのです。そのようなもので、全宇宙の狂いのない活動の世界から阿弥陀仏が姿をとって、「どんなにおまえが苦しくても、人はどんなに間違いだと言っても、切なかったら、始末がつかなかったら、『南無阿弥陀仏』とわしの名を呼びなさい」と仰せになるのです。

これを悪人といいます。悪人というのは、他の人のことではない。どうしても始末のつかないのを悪人というのです。善人とは、何でも自分の頭に頼って、何かと自分というものを中心にしている人です。だから頼む心がない。本当に金がなくなれば質屋に行くでしょう。本当に始末のつかないところに頼みにする質屋が阿弥陀さまです。質屋に行ったということは、自分に金のない証拠だ。南無阿弥陀仏が出たということは、私の力で生きていないという証拠です。お念仏が出るということは、私の自由で生きていないという証明なのです。念仏によって法と一体になる出発が始まったのです。

しかし念仏はしても、まだこの身を固めようとしたり、自分の自由をお願いしたりしている。やっぱりレコードの線から出ようとして念仏している。それが疑いの念仏です。線に帰そうというのが本当の念仏だが、線から出ようとして念仏している。これは五百年たっても線に帰れないとおっしゃいます。この身を助けるのでない、どうにも助からないというところに、南無阿弥陀仏が橋渡しになって、もう助かってしまっているというのです。善くても悪くても、レコード盤の線の上を歩いているのです。

その線に帰してくれるのが念仏の働きです。このことがわからなかったら、いろいろと聴聞もしなさい、本も読みなさいと言われるわけです。ところが少し本を読むと、おまえのは空念仏だとか、いくら念仏しても学問がなければ駄目だとか言う。それを親鸞聖人は「法の魔障なり、仏の怨敵なり」と言っておられます。聖人はご自分の体験を通して、そう言われたのです。

親鸞聖人は二十年間比叡山で修行なさったけれども、実はあれはレコードの線から逃げようとされたのです。しかし二十年やっても逃げられなかった。「いずれの行もおよび難し」です。どうにもならなかったから念仏したけれども、念仏して、またレコードの線から逃げようとする。そういう念仏を、自力の念仏というのです。しかし、一切はもう決定されているのだから、いくら念仏しても、煩悩が出てくるときは出てくる。とうとう自力の念仏も駄目になったところに、阿弥陀さまに抱かれる日があったのです。それが阿弥陀さまの子供として、あなたのレコードの線では、生まれはじめしよりしてさだまっていた」というところに心がほどけるのが「念仏成仏是真宗」です。疑いの念仏というのは、私が疑うとか信ずるとかいうのではないのです。念仏の力で大根を人参にしようというように、もう決定されたところからどこかに逃避しようというのを疑いの念仏というのです。しかし、いくら逃避しようと思っても、レコードの線は一本です。もしそれがズレたら、もう音を出しません。元に帰ると音を出します。

「私は阿弥陀さまの子供として、あなたのレコードの線では、生まれはじめしより

私たちも線から出よう出ようとして毎日がんばっているけれども、それはどうにもならないというところに念仏を称える気になったということは幸せです。障りが宝になるのです。浄土真宗の教えからいうと、初めは念仏を称えて幸せをくださいというようなところでは、どうもしっくりしません。しかし、どうにもならないというところにレコードの線に遇うと、みんな向こうさまの思し召しのとおり動いているのであって、私が有って私が在るのではない、この全宇宙の完全に狂いのない法の命から

顕れてここに私は在るのだということがわかるわけです。

そうなりますと、人と比較しなくてもいいようになるのです。如来さまから与わった私のレコードは、天下一品のレコードです。同様に、他の人のレコードも、天下一品のレコードです。これを各々安立という。おのおのが安らかに独立している世界は平和です。このことを知らずに、「私ばかりがどうしてこんな苦労しなくてはならんのか。あの人はあんなに楽をしているのに」などと、お互いに比較ばかりして苦しんでいるのでしょう。もう私の道は決まっているのに、何とかすれば何とかなるというようなことで、親不孝をしているのだ。それを「雑行雑修自力」というのです。

露の世ながらさりながら

お釈迦さまも、お城にいらっしゃる時には、それがわからなかった。やっぱり自分の命だと思われるから、周りで人が死んだり病気したりすると、それに強迫されるのです。お釈迦さまは一国の太子さまでしょう。幸せな家庭もあったわけです。誰しもが憧れるような幸せな身の上を捨てて、なぜお城を出られたかというと、そこにはやはりそういう苦悩を抱いておられたからです。

南無阿弥陀仏をとなうれば　十方無量の諸仏は

百重千重囲繞して　よろこびまもりたまうなり（『現世利益和讃』）

ていうご和讃があります。十方無量の諸仏がこの私を百重千重に取り囲んで守っていてくださるという。

はじめ私は、仏さまがこの私の五十年、百年の命を守ってくださるということかと思ったけれども、そんなケチな話ではないのです。大宇宙からいえば、この命なんか、ほんの水の泡くらいのものだ。また、まだ死にたいとは思わないけれども、年を取ってだんだんヨボヨボになってくると、あまり長い間守ってもらうのもありがたくないです。十年も寝ている人が「周りに世話をかけてどうにか生きているようなことなら、もういい加減に放っておいてくれればいいのに」と思っても、放っておいてくれないしねえ。

人生には、かわいい子供が先に死ぬとか、大事な人が交通事故で亡くなるとか、いろいろ悲しいことがありますが、死ぬということは、この世からこの身が失くなるのです。遺体を火葬場に持って行かなくてはならんし、お骨を拾って来なくてはならん。何というか、まことにはかないことです。昔の人は夢の世と言ったけれども、その夢の世を夢の世とはなかなか諦め切れないのです。

あの俳人一茶は、最愛の子供が亡くなったときに、

露の世は露の世ながらさりながら

という句を詠んでいます。「ああ、この世は露の世だからあの子は死んだのだ」とは言い切れないのです。「露の世は露の世」ではあるけれども、それでもうちゃんと決まっていることだけれども、「さりながら」、死んだのはしかたのないことだとは諦められない。こちらの胸に愛しい子供のことを思い出さずにはいられない傷みがある。やはり人の世の真理を詠んでいるから、ああいう句が後の世まで残るのですねえ。

諸仏に護られるとは、どのように護られているか。仏さまは、私が五十年、百年の命に安閑としているのを壊しに来るのです。我々の安定を壊しに来る。仏法の話は、安心するのではない、安心を壊しに来るのだ。今おまえの立っている場所は、いずれは必ず壊れる。そういうところで安閑としてはいられないではないかと、いろんな方法で壊しに来るのだ。そういうところからいえば、お釈迦さまが、何かこの壊れない本当の安心の世界はないかとお城を迷い出られたということが宝なのです。悩み出したというところから人間界に出るのです。

地獄、餓鬼、畜生というのは、我々の下のほうにあると思ったら間違いです。皆さん、地獄にいるのですぞ。地獄というのは、「きょうも達者で結構だ。死ぬというようなことは少しも考えない」というのが地獄です。食いながら命が減って一番危ないところにいるのに、そこにあぐらをかいて、「人は死んでもわしは達者でありがたい」と、のんびりしているのが地獄。だから上にあるのだ。

餓鬼道は、「今日も食べられて、お蔭で結構だ。あいつは貧乏しているけれど、わしは…」などと言って、食い気で満足してるのが餓鬼道です。畜生道は、家庭円満で「あそこの家は喧嘩ばかりしているけれど、うちは仲がいい」と言っているのが畜生道。仏法というのは、そういうふうに聞くべきものです。

ところが、私たちは自分の身が一つだから、何とか達者で、何とか金があって、何とか家庭円満でと、そこにしがみついている。いずれは壊れることだけれども、そこにしがみついていると諸仏がいろいろな意味で壊しにいらっしゃるのです。そうなると心配が出てくる。それで人間界に出るのです。人間界というのは、悩みが出てきた時から人間界になるのだ。それから天上界というのは、一番いやな、死ぬという問題が気になってきたのが天上界です。なぜならば、天人であっても頭にかざした花はしおれます。

苦しみによって念仏の門が開かれる

お釈迦さまも、生まれた時にお母さんに死なれたというようなところからやっぱり始まっているのです。他の人はみな本当のお母さんがあるのに、自分は早くに母と死に別れた。その他にも、いろいろ生老病死についての悩みがおありだったのでしょう。お釈迦さまは、ある意味からいえば敏感な人だったのです。

そういうことに鈍感で、いつか死ぬなら死んだらいいなどという人は、それはそれでいいのです。キリスト教の聖書にも、「富める者が天国に行くのは、ラクダが針の穴を通るよりも難しい」と書いてある。自分に自信のある人は法の世界には行けないということです。また、わざと病気を出してもいかんのです。それは芝居になる。しかしまた仏さまのいろんな「御催し」で壊しに来られるところから、苦悩を持ったということが、光が到来する証拠です。私たちにすれば何かいやだけれども、人間は悩むということを持っているから光を探すことになっているのです。

それで皆さんが「自分はどうしてこんな苦労をしなくてはならないのか」とおっしゃると、私はニコニコしているのです。だから時々怒られるのだ。少しは同情してくれてもよさそうなものだと言われます。しかし人間が同情したくらいでは何にもならないでしょう。私はその人がどうにもならないというところに、念仏の門が開けるのではなかろうかと思うのです。私の願いはそれ一つです。だからニコニコしている。

この間も私は、ある人に向かって掌を合わせて、「あなたが切なかったら、頼みますから『南無阿弥陀仏』と言ってください」と言ったのです。そのわけは分かりません。分かるというのは意識で言うのだから、それは念仏の世界ではない。分からないから、念仏するとき意識以前の世界に出るのです。私たちは、念仏はこんないわれで、これは十八願でと、話がよく分かって念仏するように思うが、そんなふうに分かってくるのは意識の世界です。意識以前の世界に出るには念仏しかないのです。

「これを信ずれば病気がよくなる」というのは、先に分かってそれから信ずるのだから、あれは意識の世界です。念仏は意識以前の世界です。意識以前というのは、全部が法の活動なのです。ところが、私たちは意識で生活しているものですから、意識以前の法の世界に行けないのです。意識を破る道は念仏しかありません。それで私たちは毎日、積んでは崩し積んでは崩し、善いとか悪いとか、これも諦めなくてはならんとか、これも前世の約束だとかなんとか言って、ぐるぐる回っているのです。流転輪廻です。

何が流転しているのかといえば、意識が流転しているのです。しかし、われわれは意識によって生まれたのではない、意識以前に生まれているのでしょう。意識で子供を生んだ人はないです。花でも木でも、あれは意識がないのだ。ちゃんと自ずから生えているのです。われわれも自然に出ているわけです。今眠りましょうと思って寝た人は一人もない、意識以前に眠気が出るのでしょう。それをまた意識で受け取っとるから、人間は面倒なものだ。話はわかるのです。意識の話はわかるけれどもね。

だから実際は、切ないあまりに「南無阿弥陀仏」と出なさるところに意識が破れるようになるのです。そうするとまた、念仏が出ていらっしゃる間にだんだんわかってきます。新幹線に乗りさえすれば、新幹線が東京に着くようなものです。皆さん、お念仏が出る癖がついたら幸せですよ。出る癖がつくと、私はたくさんお念仏したから死んだらいいところへ行くだろうとかなんとか、また勝手な言い訳をつけるから、またお話を聞いたほうがいいです。昔はそんなものだったのだがねえ。

あるガンコな婆さん、死んでから地獄に行ったそうな。ところが婆さん少しも慌てず、青鬼、赤鬼に向かって言った。

「わたしゃ人生五十年の間、毎日朝から晩まで念仏しとったから、死んだら極楽へ行くもんじゃと思うとったが、間違うてこんなところに来てしもうた。早う極楽へ連れて行っておくれ」

青鬼と赤鬼はちょっとたじろいで、閻魔さんに「どういたしましょうか」とお尋ねした。閻魔さんは自らその場にお出ましになって、婆さんの顔をジロリと見ると、

「おまえには極楽に行く種があるか」

「へえ、わたしゃ五十年の間、ただ念仏すれば極楽に行くと言われたことを信じて念仏しました」

「その念仏をどこに持っておるのか」

「背中のリュックサックに、これ、このとおりに」

なるほど、リュックサックには五十年の念仏がいっぱい詰まっている。

「おい青鬼、赤鬼。あれ本物かどうか、ひとつ扇であおいでみろ」

そこで鬼どもがリュックの中身をサッとひろげて扇であおいだら、あれよあれよと見る間に、みんな飛んで行ってしまった。婆さんは青くなって腰を抜かした。ところが、一番下の一枚だけ、いくらあおいでも飛ばない念仏があった。どれどれと閻魔さんもそばに来て眺めたら、一枚だけ念仏が残っている。

「婆さん、この念仏はいつの念仏だ」

「へえ、若いとき桑摘みに行ったら雨がザアーッと降ってきたさかい、木の下に隠れとったら雷がゴロゴロと鳴って、怖くて怖くて、思わずナンマンダアー」

その一枚が残っていたという笑い話です。

しかし、これが念仏なのです。雨がザアザアで、もうビクビクしている上に雷がゴロゴロッときたら、思案なんかするひまがない。自分の分別では始末がつかないでしょう。思わず「ナンマンダー」と言ったこの念仏は、極楽に通じた。意識以前に言った「ナンマンダー」だから通じたわけです。閻魔さんも、「こりゃわしもかなわんわい。青鬼、赤鬼、この婆さんを極楽に案内してやれ」と言ったって。

分別を超えて出る南無阿弥陀仏

初めはわからないものです。わけがわかって称えよう、ほんものを称えようというので、意識でいろいろ念仏をかき回しているけれども、そんなものではないのです。まったくどうにもならないから「南無阿弥陀仏」なのです。だから「さわりおおきに徳おおし」（『高僧和讃』「曇鸞讃」）と書いてあります。どうにもならないところに、子供は親を呼ぶのです。兵隊さんは弾に当たるまでは進め進めとやっているけれど、弾が当たってもう自分は死ぬという絶体絶命の時には、「お母さん！」と、意識以前に出るわけです。もう一つ言えば、たとえ親は死んでこの世にいなくても、「お母さーん」と呼ぶところに、身も心も生んだ親に抱かれて兵隊さんは死んでいくわけです。

あるおじいさんが言っておられたのですが、この間、十七、八歳の青年が交通事故に遭って、血だらけで、顔が曲がって、二目と見られない様子だったのだそうです。そして、その子が「おれ、どないしょう、ナンマンダブ、ナンマンダブ。おれ、どないしょう、ナンマンダブ、ナンマンダブ」と言っていたと、事故を見ていたその人が話しておられました。なるほど、南無阿弥陀仏というものは、

十方微塵世界の　　念仏の衆生をみそなわし
摂取してすてざれば　　阿弥陀となづけたてまつる（『浄土和讃』「弥陀経意」）

と言ってあるように、そういうのが阿弥陀さまのお慈悲なのです。若い人の集まりでこんな話をすると、阿呆らしいと言うけれども、自分で車をぶっ飛ばしてぶつかったのでしょう。こうなったら見てごらんなさい、八十歳のお婆さんと同じようになったのだ。どうにもこうにもならないようになったのです。真剣そのものですよ。「おれ、どうしよう。ナンマンダブ、ナンマンダブ」と言ったという。

そうですよ、何とかかんとか言っても、ひと息切れれば一切合切が失くなるのだ。若い人だってそんなこと知っているのです。「ひと息切れれば白骨だぞ」と言われても、ちっとも驚きません。しかしこれが、いざその人の現実になると、やっぱり「南無阿弥陀仏」しかないです。その人には、それしか救いがないのです。

宗教という世界、お念仏という世界は、心が安らぐというが、それには自分自身では安らぎません。今、息が切れるということを想像すれば、今日までのことは、まったく夢です。命のある間は、わしは金があるとか、わしは人よりも頭がいいとか、い

ろんなことを言っているけれども、さて臨終つき詰まって死ぬということになったら、今日までのことはふっ飛んでしまいます。

暁烏敏先生のお寺に「臘扇堂」という八角のお堂があります。そこには、ご自分のお師匠さまの清沢満之先生を奉ってある。そして反対側に、お師匠さまを拝んでいらっしゃる暁烏先生のお木像があるのです。立派なお堂ですから、建てるときにはずいぶんのお金がかかったのでしょう。あちらこちらの信者の方からご寄付があったわけです。

その臘扇堂の落慶法要が営まれた日、空はよく晴れていました。暁烏先生はご病気で、車椅子に乗っておられた。車椅子ですから、誰かが押して行かなくてはなりません。檀家総代のかたが、

「法要が始まります。先生、ご導師の席に着いてください。私が椅子を押して行きましょう」

と言われた。先生としては当然参列しなければなりません。ところが、暁烏先生は「いやだ」と言われたのです。私はそれを傍で見ておりました。

みんな無理してご寄付を出されたのでしょう。当日はまた旅費を使ってここまで来ておいでになるわけです。何百人かの人がずらりと並んで臘扇堂の落慶法要にお参り

しておられるのです。発起人であり、当日のご導師でもある先生は、そこへ車椅子で行って、一声「仏説阿弥陀経…」とお調声をあげなされればそれでいいのだ。声が出にくければ、隣に座っている坊さんにあげてもらってもいい。それでも義理が済むわけです。

清沢先生のお木像があって、ご自分の木像があって、その下に納骨堂が造ってあって、お同行とか、あちこちの信者とかのお骨が入るようにしてある。そういうお堂です。やがて暁烏先生が亡くなれば、お骨がその中に入るのです。現にご自分が病気なのだから、多少の無理があったにしても法要のご導師の座へ出なされればいいのに、とうとう最後まで暁烏先生は行かれなかった。

なぜ、先生は「いやだ」と言われたのでしょうか。どうしてお参りなさらなかったのでしょうか。皆さん、この公案をどう解かれますか。

私はこう思うのです。暁烏先生としては、これまではまだ娑婆の人だったのです。けれども、自分に本当に死ぬということが出てきたら、お堂の落慶法要などということは、つまらない嘘ごと、戯れごとでしかないことになったのではないでしょうか。その場に来たら、そんなものは一つのお芝居に過ぎないように思えて、自分がイヤになったのでしょう。

その場に出られなかったということは、今まではまだ娑婆をうまくやっていこうという心で生きてきて、お堂を建てる計画もなさったのだけれど、いざ自分が死ぬというそこまできたら、お堂も法要も、そんなことは大した問題ではないというか、かえって自己嫌悪になったのではないでしょうか。

「臨終つきつめて仏法聞け」というが、臨終つきつまったら、人間界の善いとか悪いとか、偉いとか偉くないとかいう世界が、いわば恥ずかしくなったということかもしれません。世間からは、みんなに華々しいと思われているけれども、自分自身に今死が近づいてきたら、こういうことに自己嫌悪を感じて前に出られなかったのだろう。行けといわれても、行けなかったのではないでしょうか。そういう相対を越えた世界というか、そういうところに、私はあの方を拝みます。

お念仏のはたらかれたその世界からいえば、善とか悪とか、勝ったとか負けたとかでない、一切が法の世界だというようなところに、何かこれまで自分がやってきたことがお芝居っ気に見えたのかもしれません。何かわかるような気がいたします。

私なんかなら行くでしょう。でも、あの方はご自身がそういうことをいろいろやってきたものだから、信者がたくさんあって踊り回ったようなことだったが、今臨終つきつまってきたら、またそこに出かけて行くということに何だか自分がイヤになったのでしょう。やっぱりこの、意識以前のというか、法の世界に出てきたら罪障も善悪も、そんなものもなくなって、今までは娑婆にもてはやされたことにいい気になっていたけれども、そこまできたら、そういうことがかえって恥ずかしいというか、自己嫌悪というか、そんな気になられたのでしょう。

まあ、私はそんなふうに思うのです。親鸞聖人も、そういうところに安心をえられたのだと思います。

南無阿弥陀仏という世界は、何か異なった人間になったりする世界ではない、人間拋棄なのです。私たちはやっぱり人間社会にいるから、なんとか人間生活をうまくしようと思うのだけれども、南無阿弥陀仏は一たび人間を拋棄して、それから与わった世界を歩かせてもらうわけです。目的は、人間を完成するなどというところにあるのではなくて、親の仰せの中に歩かせてもらうところに本当の自由があるのではないですか。

天上天下唯我独尊と宣言できる人生

また相手の人もご苦労なことなのです。私に、

何ごともみな愛しくて哀れにて　ただに念仏のこぼれます日よ

という歌があるのですが、みんなの人が愛しい。本当にご苦労さまで、愛しくて、しかも哀れです。そうなると「ただに念仏」しかありません。「ただに念仏のこぼれます日よ」です。

私たちは、与わったレコードの線から出よう出ようと思うのです。それを線の上に収めてくださるのが、お念仏のお慈悲です。いっぺん収めてもらうと、また「苦しかろうけれども、そこだけがおまえが仏さまから与わった天上天下唯一つの道だ」と、知らせてもらいます。それがまた力づけにもなるわけです。

だから、このことはある意味では積極的なのです。「そのことも無理はないけれども、それだけがおまえの道だ」というようなことになると、他人にはかわいそうだと思われていても、やはりそこを歩いて行ける力が出るかもしれません。出ないかもしれないが、ともかく足が地に着くわけです。そういう世界がお念仏の世界ではないでしょうか。

そうでなければ、私たちは仏法を聞いても、何か人さまよりも賢くなったような、人さまよりも偉くなったような、そういう娑婆の仏法になってしまいます。娑婆の仏法ではない、如来さまのレコードの線に帰らせてもらうのが、お念仏です。みんなそれぞれにご苦労さまなのです。いろいろなことで死ぬまで胸の中が苦しみで縛られていたときに、「南無阿弥陀仏」とレコードの線に乗せてもらう。そこに、「たのむ、たのむ」というような声が仏さまから聞こえるような、そういう道ではないかと思うのです。

だから、仏さまはお責めになりません。どんなものでも大法から出た慈悲の六字になる。「罪はいくら深くても、わしだけは迎えるぞ」というお呼び声が本願です。その気になると、信じないでおこうと思っても、信ぜずにはいられない。そこに「南無阿弥陀仏」になるわけです。お念仏が出なさると、何かこう軽くなるということがお慈悲です。だから「本願を信じ、念仏もうさば仏になる」というとき、以前は「仏になる」というのが、何か変った人になるのかと思ったが、そうではなくて法の身になるのです。法にかわるのです。

そういうところに親鸞聖人は『正信念仏偈』をお造りになったわけです。本願念仏を信じさせてもらって、「帰命無量寿如来、南無不可思議光」という世界がおわかりになった。永遠に狂いのない、まったく不思議な大法界が知らされたのです。自分には大法界のレコードが与わっていて、そのレコードの線の上を仏さまの法によって歩ませてもらっているという、そういう世界がわかった。そうなったら、私の心が「これでいい」ということになるのです。どこにいても法にはからわれた身ですから、そういう安心感が出てくる。しかし、そうなったのは私の力でなったのではなくて、そこに法蔵菩薩と世自在王仏が出てくるわけです。

お釈迦さまがお城におられた時は、ご自身が世自在王仏だったわけです。この世の中はレコードの線がズレているものですから、矛盾だらけです。善いようにしようと思えば悪いのが出るし、いろんなことで線をはずれて四苦八苦していたのです。今お釈迦さまにその世界が知らされなさったら、自分も仏さまから与わった一本の道を間違いなく歩いているというところに、私だけでないあらゆるものが矛盾のまま矛盾がなくなったのです。そこにお釈迦さまは、世自在王仏になられた。そういうお慈悲が阿弥陀さまだと私は思います。

「罪はいくら深くても」といっても、別に悪い者にならなくてもいいのです。ならないほうがいい。悪くなろうと思う人は誰もいません。縁が出てそういうことになって、もうどこにも行くところがないときに、阿弥陀さまが「罪はいくら深くても、わしだけは迎える」と、喚んでくださる。大宇宙を何一つ狂いなく動かしている法から出た仏さまでなければ迎えてくれるものはないのです。ヘビはカエルを呑みますが、あれが法です。法よりほかにヘビを救う道はありません。カエルもまた法よりほかに救ってくれるものはないのです。

その法の中から阿弥陀仏が出て、法の世界を知らしめてくださる。その慈悲の心が世自在王仏の中に芽生えたと思うのです。世自在王仏が今までの経験から、どこで私は悩んでいたか、どこで私の心がほどけたか、どこで法界に行ったかということを調べられた。それを「諸仏浄土の因」といいます。それは助かったところではないのです。いくら逃げようと思ってもレコードの線から逃げ出せない、そのぎりぎりのところを、お釈迦さまは「ここだ」と押さえてくださった。逃げられないぎりぎりのところに立って、その線の中に収めてやるというのが阿弥陀さまの慈悲だったのです。

それをどうやって収めてやろうかということについては、「子供が困ると『お母さん』と呼ぶように、わが名を『南無阿弥陀仏』と呼んでくれ。わしは万物の親だから、わしだけは救う」と仰せになるわけです。もうどうにもこうにもならないというときに「南無阿弥陀仏」と呼ばせて、阿弥陀さまは私たちをレコードの線の中に収めるのです。それが阿弥陀さまのお慈悲でないでしょうか。

業報にさしまかせて生きる

逆さまで歩いているのは大変だけれども、真っすぐになれば楽です。レコードの線から出よう出ようと思っているとつらいけれども、その出ようという思いがなくなれば楽です。しかし自分ではそれができません。我々は何とかして出ようとばかりしているからです。悪人というのは、悪いことをした人ということではありません。自分で自分の始末がつかないのを悪人というのです。金のない人が質屋に行くようなものです。善人は、まだ質屋に行かないのだ。薬はもう用意ができているのです。

お聖教には、諸仏に捨てられたるとか、極重悪人とか、煩悩が火と燃えるとか、そんなように書いてあるけれども、私たちはそれがわからないのです。何でもいいが、ともかく始末がつかないというところに、哲学的にいえば意識以前の世界に出る。もう一ついえば、意識以前の線の上に乗せてもらうのです。そんなのが阿弥陀さまのお慈悲ではないでしょうか。私は自分の経験の上からもそんなふうに思います。

私たちが困れば困るほど、阿弥陀さまは私たちの塵芥の捨て場所になってくださるから、「わしだけは引き受けてやる」とおっしゃるのです。

「諸仏浄土の因」ということは、お釈迦さまがどうしたらレコードの線の上に収まったか、法界に行けたかと、反省なさったのです。そしたらお釈迦さまは、どうにもならないところで法界に行かれたわけです。いくら混ぜ返してもどうにもならないというところに、念仏しようという心がおきたとき、摂取不捨という線の上に乗るのです。

「本願を信じ」というのは、自分の始末がつかない者は、疑おうが信じようが、そんなことに関係がないということです。「よきことも、あしきことも、業報にさしまかせて」（『歎異抄』十三条）というが、「私の宿業は私が受けて立たなくてはならない」などと言ってみたところで、自分が受けることのできる宿業などは軽いものです。そうではなくて、

よきことも、あしきことも、業報にさしまかせて、ひとえに本願をたのみまいらすればこそ、他力にてはそうらえ。

それがお慈悲なのです。他力とは、お慈悲ということです。

さて、それで「南無阿弥陀仏」が出来上がったわけです。そして、「重誓名声聞十方」、重ねて誓うらくは名声十方に聞こえん、と誓いが建てられた。

先ほどの話の交通事故に遭った青年、普段お寺に参ったことなんかないのです。しかし全身が血だらけになったときに、「おれ、どうしよう、ナンマンダブ…」と、ちゃんと念仏していた。こういうことは、やっぱり十方に遍満しているのです。そういう姿をそのおじいさんが見て、「ああ、ありがたいことですなあ」と感動しておられた。寺にお参りしている者だけが助かると、そんなことではないです。かつての若い兵隊さんたちでも、お寺に参ったことが一度もない人でも、弾丸がヒューヒュー飛

んで来る最中には、「ナンマンダ、ナンマンダ」とやっていたといいます。あれ、やっぱり名声が十方に遍満しているわけでしょう。そうすれば、皆さんもやはりその中にいるのだ。

それで、「南無阿弥陀仏」と一声でも発声したということは、ありがたいことです。そのあとは忘れてしまっておけばいい。また忘れていますよ。達者なときは忘れていればいい。阿弥陀さまをあまり使うと阿弥陀さまも疲れるから、なるべく称えないようにしておきなさい。それでも向こうが不断に出なさるのです。それで不断光仏という。

「南無阿弥陀仏」の中に十二の宝がある。無量、無辺光、無礙、無対、光炎王、清浄、歓喜、智慧光、不断、難思、無称光、超日月光という十二の光が出るというわけです。「十二の光がある」と、ただ光を十二通り並べてみても、どうということはない。「南無阿弥陀仏」に抱かれてホッとする。それが十二通りになって、皆さんそれぞれ自分のほうに、「こんなことではないだろうか」といういただき心があると想うのです。

まず初めが「無量光」。量りない光が六字の中にあって、あなたを抱き取りにくる。この無量光とは、具体的にいうと、どんな光でしょうか。

私は私の力で生きているのでない、みんな永遠不変の如来さまのお光の線の上を歩かせてもらっている、あの人もこの人も間違いないレコードの線の上を歩いておられると、「南無阿弥陀仏」に抱かれて、そういうような感じが出てきたわけです。私なんか、死ぬということが怖かったけれども、今も怖いけれども、しかしもう私の命でない、仏さまのお命です。無量の光の中に、お命の中にいる私だから、どこで死んでも、もうこれは文句の言いようのないことだ。どこでどう果てても、向こうさまのレコードです。また死ぬときにギャーギャー言って死んでも、向こうさまの煩悩です。だからピーンと硬直して死ぬと、よそでは「あれは地獄へ行く」などと言うけれども、私はピーンとして死ぬようにレコードがなっているのだから、もうそれが無量光でしょう。

阿弥陀仏の光に包まれて

また毎日死と煩悩に脅迫されているでしょう。「南無阿弥陀仏」と出ると、仏さまが無言の中に「わしのレコードだ」とおっしゃるわけです。そうすると軽くなります。それが無量光。しかし、そういうふうに話でいくら聞いていても、面白くもなんともないです。南無阿弥陀仏でホッとする内容をこうやって調べてみると、そういう光に皆さんは遇っているわけです。

二番目の「無辺光」というのは、どういう光でしょうか。果てしない光のことだと観念的に言っていても、どうというわけではありません。光のときには念仏という言葉は使わなくてもいいのですが、光が届いたら、あなたが殺しているものが生きてくるのです。私たちは毎日周りのものを殺しているでしょう。それが生きてくるのです。魚にしても野菜にしても、仏さまの命から出ているのだ。ですから食われるようになっているし、こっちは喰うようになっている。それでも、こっちは命が減っていきます。

一切万物が仏さまの光から出ているのですから、松の木は松の木の仕事をしているし、杉の木は杉の木の仕事をしている。だから「あいつはお寺に参らないから仏法に縁がない」のではない、参らなくても、ちゃんとお光の通りにやっているわけです。夜は寝ているし、朝目を覚ませば、腹も減っている。そんなふうに、万物が如来さまのレールの上に回っていらっしゃると見えるようになれば、こっちが明るいのです。そうすると、この世の絶対無限の法の国土の他に浄土はいらないということになるのです。

また、「痛い、痛い」ということにも光がさしている。痛いときに「痛いなあ」という声がなかったら、たいへんです。「痛い、痛い」というのが光です。また死ぬときに「死にたくない、死にたくない」というのが光です。

私のところによくお参りにきたお婆さんがあったのですが、あるとき、こう言うのです。

「きょうは、先生、信心をもろうて帰らにゃならん」

「ああそうかい。そんなら信心をあげますが、どの手でもらうかね」

お婆さんが手を出した。

「ああ、その手で持って帰るか」

「……」

「しかし、持って帰ると落とすが、信心を入れる袋は持ってきたかな?」

そしたら、持っていた数珠袋を見せてくれた。

どうも、ちょっと皮肉みたいな話です。法話が終わってからまた私のところに来なさるかと思っていたが、その日は来られませんでした。

ですが、お婆さんは帰り道にそれが疑問になって、「どの手でもらう、どの手でもらう」と言いながら、歩いて行ったのだそうです。自分の家を通り過ぎたのにも気がつかずに、橋を渡ってずっと向こうの村まで行ってしまった。それで、その村のおじいさんに、「あんた、どこに来とるのや」と言われたらしい。それほどに問題になっていたわけです。

それから三日ほどしたら、このお婆さんに中風が出たのです。いつも寺へ来られる人がお出でにならないから、連れの人に聞いてみた。

「Yさんのお婆ちゃんはどうしたんかい？」

「一昨日中風が出たらしいです」

「そんなら、お話がすんだら見舞いに行こうか」

「もう絶対安静やそうだから、行ったらあかんと」

「じゃ、あんたたちは行きなさんな。わしゃ行かにゃならん」

それで、私だけ一人で行ってみたのですが、お婆さん喜んでいました。そして、

「四、五日前に先生に信心をもらうと言って手を出したが、今は中風になって、もらう手が動かんようになりました」

と言うのです。うまいこと言ったものだ。「私が信心をもらうのではないと分かった」ということなのでしょう。お婆さんはつらい体験を通して、頭では分からなかった「私の命ではなかった」ということが分かるようになったのです。

信心をもらおうと思っていたが、その「もらおう」というやつが邪魔していたのだ。

もらう手が動かなくなったら「何でも全部が不思議なお力で運ばれている世界」ということが分かったわけです。

ところが、頭が割れるように痛い。お婆さんは寝たままで私に、「阿弥陀さまは、痛いときは『痛い痛い』と言えとおっしゃるから、わたしゃ大声で『痛いわあ、痛いわあ』と言うて泣いとります」と言っておられました。そして四、五日後に亡くなったのですが、やっぱりそういうことが話に残りますね。

皆さんがいろいろ苦労なさるということを、仏さまは法の世界から六字になって呼んでいらっしゃる、そういう世界が「無辺光」です。

今度は「無礙光」。無礙ということは、障りがないのです。こっちが障りがないのではない、仏さまのほうに障りがない。こっちは障りだらけです。障りだらけでどうにもならないから、「南無阿弥陀仏」と言うと、向こうの線に乗って矛盾がないのです。みんなそれぞれの線がうまい具合に回っているから無礙になるのです。

息子さんと喧嘩していても、あれは無礙なのです。今はレコードが喧嘩するようになっている。息子のレコードも喧嘩するようになっているのだ。喧嘩したときに笑っているような人はいません。笑っていては喧嘩にならんです。ところが私たちは、そのところで何とか喧嘩が出ないようにと、線から外れたがるのです。そんな喧嘩は誰かのところに持っていっても誰も受け取りませんから、最後にはやっぱり阿弥陀さまのところに持って行かなくてはならん。そうすると、阿弥陀さまは優しく、「今は意見が合わんから喧嘩するようになっているぞ。泣け泣け」とおっしゃるから、蔭で泣いている。

それはそうです。たった一人の子供でも、だんだん成長してくると、言うことを聞かないようになりますよ。孫でもそうでしょう。優しいときは優しいけれど、あれだけいろんなものを買ってあげたりしているのに、言うことを聞かずに憎たれ口を利くことがあるでしょうが。それでも「南無阿弥陀仏」と憶念すると、何かしらん回っていきます。本当は相手にもわけがあるのですからねえ。こういうのが「無礙光」です。

それから「無対光」というのは、対立がないということです。私たちは毎日対立で生きています。お互い対立の世界です。しかし「南無阿弥陀仏」となると、対立でないのです。負ける者は負ける者、勝つ者は勝つ者で、それぞれの如来さまのレコードが回っている。そういう矛盾のない世界を教えてくださるのです。

だから、お念仏が出なさると何かホッとするということは、そういういずれかの光が出ているわけです。「光炎王」というのは、光の炎の王です。炎王光とか炎王ともいうのですが、聖道門からいうと、どんな煩悩をも焼き捨てるのです。けれども南無阿弥陀仏はそうではない。「今腹が立ったのはもっともじゃ、もっともじゃ」とおっしゃって、抱いてくださるのです。愚痴が出るのももっともじゃと、煩悩がありながら煩悩がないような姿にしてくださる。「煩悩を断ぜずして涅槃を得る」のです。よそでは煩悩を取って信じて来い、何して来いとおっしゃるけれども、阿弥陀さまは条件なしです。何とかやろうとしたけれども、落とされて落とされて落ち行く先は、南無阿弥陀仏しかないわけです。

大変話が長くなりました。その次は「清浄、歓喜、智慧」ですが、先ほども申しましたように、皆さんそれぞれにこの十二のお光をいただいてもらえればと思うのです。

善悪の宿業をこころえざる

いずれの行もおよびがたし

私たちは、一日一日ものの命を殺さなければ自分の命を保つことができません。禅宗では精進といって、魚や肉を食べないけれども、米の命も牛の命もやっぱり命なのです。ある意味からいえば、田畑で米や野菜をとるのは、動かないものを黙って持って行くのだから罪が深いです。幾分殺さないというところに腰を下ろしてみるけれども、やっぱり殺していますす。

精進ということなら、坊さんは報恩講のころになると毎日油揚げと芋の子ばっかりでしょう。若い坊さんなら「いっぺん魚が食べたいなあ」という思いが出てきますよ。温泉旅館の女の従業員さんは、坊主と学校の先生が一番汚いと言うそうです。坊主と先生というのは普段いつもまじめな顔をして、行ない慎んだような生活を周囲から強いられているから、たまに温泉に行ったときくらいはとばかりに、ハメをはずして、女の人をからかったりするからでしょうか。坊さんだって同じ素質を持っているわけです。そうでしょう、腹が減れば食いたいのだ。ですから、殺してはいかん、盗んではいかん、女に触れてはいかん、男に触れてはいかんと、そういうことをすればするほど、体がそういう体なものですから、煩悩が顔を出す。

「諸善万行」というのは、いろいろの善い行ないをして煩悩を断ち切ろうとするわけです。しかし、善い行ないをして善い報いをもらうということが、そもそも怪しいのです。善い行ないだけしていればいいものを、善いことをして善い報いをもらおうという欲が出るでしょう。煩悩を断ち切って楽をしようと、また欲が出ます。親鸞聖人も二十年間煩悩を断ち切ろうとなさったけれども、「いずれの行もおよびがたし」で、いつ死んでもいいというほど、死にたくない私が見えてくるし、そこにやはり心のしこりがほどけなかったのです。浄土門という教えは、そこから出て来た。ある意味では、聖道門の不可能なところに浄土門が出るのかもしれません。

私も以前は、仏教には聖道門と浄土門との二つが並んであるように思っていたけれども、実は聖道門をやるだけやって、その上で聖道門に行き暮れた人に浄土門が開けるのでないかと思います。そうすると、私たちも聖道門をやらなくてはならないわけです。必ずしも山に籠らなくても、人に悪口言われないようにしよう、善い行ないをしようということが聖道門です。人を愛そうというのが聖道門です。ところがなかなか、気に入らない相手は愛することができないから困るのです。そうすれば皆さんも、それぞれに聖道門をやっておられるのではないですか。家庭の中でも、こちらが年を取ってくるとだんだん力がなくなるから、何かにつけて嫁の気に入るようにやってみるけれども、向こうでバン！　とやると、やっぱり腹が立ってくる。

人間というものは、みんな善人だと私は思うのです。悪人なんかいません。なぜなら、それぞれに身を保ちたいという願いがあるからです。相手を傷つけると、自分も殺されたくない、生きたいというものがあるから、傷つけたことがちゃんと心に残っていますよ。オオカミがウサギを殺して肉を引きちぎって食っても、後で「わしは罪が深い」などと思うかどうか。思いませんわな。思わないものに仏さまは要りません。人間はやっかいな生き物で、それを思うものだから、救いがなくてはならないわけです。人間は万物の霊長だというけれど、裏からいうと人間ほど始末のつかないものはないです。そういう見方もあるのではないでしょうか。皆さんも、過去にやったことが何か残っているでしょう。それは善人の証拠です。「そんなことをやるのは当たり前だ」と口では言っているが、それだけやっぱりやったことが気になっているわけです。また人のやることが気になるのです。

人間は、一生懸命に勉強もし、努力もするという立場からいえば、一応人間は万物の霊長です。だから親も学校の先生も「しっかりやりなさい」と子供に言うわけです。しかし努力するということも、努力するように体に備わっているのでしょう。怠けるというけれど、そういう体質があるのではないでしょうか。それに怠けて遊んでいても、頭がいいから勉強ができるという子もいますよ。それを一様に「努力しろ」「がんばれ」と言われるものだから、しまいに子供は何もかもがいやになってくる。そのモヤモヤが爆発して、お母さんを棒で叩いた。お母さんも始末がつかなくなって受験生を殺したという記事が新聞に載っていました。そういうことも出てくるのでしょう。お母さんが悪いとか、子供が悪いとか、善悪で言ってみても、問題が出てしまっているのだから、解決にはならないです。そんなことが私のしこりになっているわけです。何でもそうなのですが。

お母さんにしてみれば、あんまり息子の状態がひどいものだから、しまいにはあきらめたのだろうし、子供にすると、十の頭に三十も四十も勉強を詰め込もうとするものだから、無理が出てくるのでしょう。善悪で言えば、子供も悪いし、お母さんも悪いけれども、何らかそういう問題がしこりとして胸につかえているのに、それがほどけないのでしょう。また他人のしていることであっても、私に縁が出れば、やはりそういうことをしてしまうのであって、そういう点からいえば、これは誰か他人がやったことではないわけです。

それを、聖道門で多少腹が立たないようになり、愚痴も言わないようになると、「あいつはあんなに腹を立てている」と他人を非難します。けれども、よく調べてみると、自分にそういう縁が出れば、やっぱり腹も立てるし愚痴も言うのです。そうなるところに、またしこりがあるでしょう。皆さん、胸に何かしこりがありましょう。どうにもならないことがありますわ。

親鸞聖人も、九十歳で無常ということを感じられて、生死の問題を解決つけようとなさったけれども、どこまでやっても「いずれの行もおよびがたし」。食べながら毎日命が減っているのです。始末がつかないでしょう。人と応対するときは、ちょっと悟ったような顔をしているほうが体裁がいいけれど、内心に深く自分を見てみると、あやしいものです。「あの人はあんなにお寺にお参りしているのに、まだ腹を立てている」と言っている人があるが、あれはお参りしない人の戯れ言です。初めは腹が立たないようになるかと思ったが、いよいよ腹の立つ自分が見えてくるのでしょう。

そういう「いずれの行もおよびがたき」というところに、お釈迦さまは「私の力で生きているのでない、私を私たらしめている絶対無限の活動によって私はあるのだ」

と目覚められたのです。しかし、私たちではなかなかそういうことに目が覚めないから、『阿弥陀経』にはことさらに、「ここに浄土という壊れない世界があるぞ、根元の世界があるぞ」と、あの手この手で念仏させようとして語ってあるわけです。また実際、そういう浄土の世界があるのです。

親に抱かれた安らぎ

たとえば子供は、お母さんが何者であろうと、身も心もお母さんから出ているから、「お母さん！」というところに、何か胸のしこりが取れるというようなことがあるでしょう。夫婦でも、夫が仕事で疲れて家に帰ってきたとき、奥さんが家にいることで、やっぱり胸の安らぎがあるでしょう。話があちこちへ飛びますが、私の義父（藤原鉄乗師）は、あれだけ立派な人ですが、外から帰って来ると、私たち家族がそこにいるのに「誰もおらんでないか」と言われた。つまり、我々や孫たちでは間に合わないのだ。奥さんが居ないぞと言っておられるわけです。何やかや言っていても、主人にしてみればやっぱり奥さんが家の阿弥陀さまですよ。子供にしてみれば母親が、「お母さん」と呼ぼうという心のところに、もう摂取不捨の世界にあるのではないでしょうか。

あらゆるものを間違いなく永遠に生み出しているところに阿弥陀仏が姿をとって、「ここまで来なさい。親元まで来なければ、あなたのしこりは取れないぞ」と呼びかけていらっしゃるわけです。その声がお念仏の喚び声です。だから、仏さまには善人とか悪人とかの批判はない。善人でも悪人でも、仏さまの生んだ子供だからです。「自分で始末がつかなかったら『お母さん』と呼んで膝元へ来なさい。呼ぶ力がなければ、私のほうが口を割ってでも喚びに来るぞ」というのが、阿弥陀さまの如来大悲です。

場所が変わるのです。今までは私が中心で、何とかあの手この手で聖道門でやってきていた。けれど聖道門が行き詰まって、いくらやっても微塵も自分の自由のきかないところに、南無阿弥陀仏の、橋渡しによって場所が転換すると、「私は法身であった」「私の自由意志は何一つない。みんな法身であった」と知らしめられるのです。

自由意志がないとなると何か苦しいようだけれども、抱かれてみれば、みな親の仰せのとおりなのです。自由意志がなくならない間は助からないけれども、親に抱かれて本当に自由意志がなくなってみれば、善いも悪いもないのだ。根元のお仕事を間違いなく通ってきたのです。自力で水を混ぜ返しているから水が濁るのであって、混ぜ返す力が本当に取れれば、水は澄みます。あたかもそのようにして、この世界は完全無欠な、不可思議なお命の活動であったと知らしめてもらうのが浄土門です。また、親を忘れていろいろ苦労していても、本当に困れば、今度は親が先手をかけて喚んでくださる。つまり、向こうから南無阿弥陀仏と知らしてもらうところに親に抱かれるわけで、それが「無礙の一道」ということなのです。

親に抱かれると、子供が「お母さん」というのでしょう。親を知らない子が「お母さん、お母さん」と言っても、抱かれはしません。やっぱりお母さんが信じられたから「お母さん」と言うのです。学校から帰って「かあちゃん」と言うところに、見ていてごらんなさい、母親の「はーい」という声でおさまる。それが「念仏は無礙の一道」、それが本願念仏です。もう一ついえば、親に遇った念仏の南無阿弥陀仏と言うところに、いつでも摂取不捨の利益があるのです。だから自分の自由はきかないでしょう。自由がきかないほど、なんとか自由をきかせようとする、そういうところに、仏さまは「どうにもならなかったら、我が名を呼んで来い」と言ってくださる。そういうのが仏さまに遇う場所なのです。

こちらから助かっていく場所ではない、もう真に始末のつかないところで、お喚び声に遇うのです。それでも、いろいろと自分で始末をつけようとしますよ。「腹の立つのがお与えじゃ」などと言って、始末をつけている。こちらでそんなことを言っているのは、あれは外道です。「私の顔はこんな変な顔でも、お母さんが生んでくれた顔なのだから、これでいいわい」などと言っているときは、まだ親を呼んでいないです。困り果てて「お母さん」と言うときには、もう言い訳はありません。「義なきを義とす」です。それがまた要なのです。子供は、親に抱かれたときは理屈は言っていません。また、私は親に抱かれたなどと言いません。ただそこに安らぎがある。義なきを義とするというのは、そういうことなのです。

私たちは、用心しなければ義を持ちます。そして、「おまえ、まだそこが解っておらん」とかなんとか言っている。解らないからこそ、いよいよ南無阿弥陀仏なのであって、そういうことを聴聞するのでしょう。浄土門というのは、そういう世界がある。親鸞聖人も二十年の間聖道門で力のあるだけを尽くされたけれども、そういうところに浄土門のお念仏に遇われた。そこには「私は苦労した」というような言葉はありません。

みんな如来の大悲から出ていることです。こんなに始末のつかない真っ暗な私を、南無阿弥陀仏のお慈悲によって、そのまま抱いてくださるのです。そのままということは、言葉にのせて言うならば、そのままが私の子供であるということです。仏さまがそんなことを思うのではありませんよ。そういうことがわかれば、そんな言葉はいりません。「義なきを義とす」です。ともかく南無阿弥陀仏で助かるのです。助かるというのは、安らぐことです。

それだから、親鸞聖人は関東のお同行たちに、

おのおの十余か国のさかいをこえて、身命をかえりみずして、たずねきたらしめたまう御こころざし、ひとえに往生極楽のみちをといきかんがためなり。しかるに念仏よりほかに往生のみちをも存知し、また法文等をもしりたるらんと、こころにくくおぼしめしておわしましてはんべらんは、おおきなるあやまりなり。もししからば、南都北嶺にも、ゆゆしき学生たちおおく座せられてそうろうなれば、かのひとにもあいたてまつりて、往生の要よくよくきかるべきなり。親鸞におきては、ただ念仏して、弥陀にたすけられまいらすべしと、よきひとのおおせをかぶりて、信ずるほかに別の子細なきなり。（『歎異抄』第二条）

とおっしゃっています。あなたたちは何しにここに来たのかといえば、その親のふところにいかにして往くかという道を聞くためなのだろう。しかし、親鸞は念仏よりほかに往生の道を知らないのだ。もし学問やなんかで往生したかったら、南都北嶺にもゆゆしき先生がいらっしゃるから、あそこに行きなさい。私は念仏によって往生する、と言われるのです。

親元に往生する

親鸞聖人は、お念仏を称えるときに、親元に往くから念仏するのだというような予定を持って念仏しているのではないと言われます。予定なんか持っているものですから、いくら念仏しても親元に行ったような気がしないのです。親元に往くのではない、力尽きたら親元にいたのです。アメリカに無条件降伏したのではないですよ、初めからアメリカのほうが力が強くて、こっちが弱かったのです。戦争してみたけれど、結論は、アメリカが強くて、こちらが弱い。永遠不変の阿弥陀如来のお仕事と挑戦してみたけれども、とうとう力尽きて、無条件降伏した。負けたのではありませんよ。ここが弱い者の居場所だと分かったのです。またそうなると、私は如来の子であった、法の子であったという世界が知らされる。こういう世界です。

浄土真宗は、ただそのままの教えだなどと言われても、こっちがなかなかそのままになれないです。一方ではそのまま、つまり易行道といって、楽なことなのだけれども、しかし出た答えは、極難信ということです。そうすると、また難しいかと思うわね。

俳人一茶に、

下下も下下　下下の下国の涼しさよ

という句があります。下、下、下と書いてある。上に上がろうと思っていたけれども、どうにも上がれないから、南無阿弥陀仏とお母さんを呼んでる間に、自分の煩悩いっぱいのところに涼しい世界があった。そこでは、煩悩が、もはや私の煩悩ではないわけです。「私」が死んだら、如来のくださった煩悩でしょう。生まれて死ぬことも、如来のくださった生死でしょう。生死即涅槃、煩悩即菩提ということです。お念仏によって、これが納得された。生まれて死ぬというのは、それが仏わざである。いろんな煩悩が、それが仏わざである。そういうことをお釈迦さまが悟られて、胸のしこりが取れたのです。

そこにいけば、生まれて死ぬというのは絶対の活動でしょう。どんなものも生まれて死にます。草でも一生懸命に水を吸っているということは、死にたくないから自然に水を吸って生きようとしているのだ。それが仏わざである。花の命にも長い短いはあるけど、それも決まっているのです。我々は花が長い短い、大きい小さいというけれども、そんなことは仏さまのほうで決定されてあるのです。菊は黄色になるし、アヤメは紫になる。それはもう永遠に決定された如来の活動である。お釈迦さまはご苦労の末に独りで悟られたのですから、一応聖道門でしょう。そのお悟り、正覚に等しい世界に往くのだから、等正覚です。それで易行道です。皆さんも毎日困った、弱った、というところにお念仏している間に、こういう世界が知らされる。そこに等正覚の喜びがあるわけでしょう。

『歎異抄』の十三条に、

弥陀の本願不思議におわしませばとて、悪をおそれざるは、また、本願ぼこりとて、往生かなうべからずということ。

とあります。「どんな悪いものでも救う」という本願の仰せであっても、「悪をおそれないのは本願ぼこりといって、親元に往生ができない」という人があるわけです。それに対して作者の唯円さまは、「それは本願を疑って善悪の宿業というものを知らないのだ」と言っておられます。「あんなろくでなしがお寺にお参りして助かろうなどとはもってのほかだ」などと言っているのもそうでしょう。「あんなやつは助からん」というのは、自分はわかったつもりで、「わからん人は助からん」と、こちらのほうがしばられているのです。

薬は、老少善悪の人をえらばずに、のめば助かるのでしょう。本願にまかせれば、助かるのです。それを無条件の救済といいます。それがやはりどこかに引っ掛かるというところに、わざわざ私たちのために念仏が用意してあるのです。

浄土真宗の教えは「親元に往生する」の一言です。しかし、自分で親元に往けないから、本願の念仏を与えて往生させるのが浄土真宗の教えです。浄土宗も浄土門ですが、これは念仏を称える功力でもって親元に往くという教えです。称えておけば死んだらお浄土に行くというわけです。そういう立て方がしてあります。

浄土宗のお寺に行きますと、餓鬼供養ということがありまして、阿弥陀さまから綱がつけてあって、餓鬼どもがいっぱい連なっている。しかし、やっぱり浄土宗を通らなければ浄土真宗が出てこないのでないでしょうか。もう一ついえば、禅宗を通らなければ浄土宗もできんし、浄土真宗もできんのでなかろうか。さらに言うなら、創価学会を通らなければ、真実の世界が出ないのではなかろうか。私はそんなふうに思っています。

それを、「あの教えは間違っている、こちらが本物だ」などと言っているのは、こちらに問題がある。私たちは自分の知恵でなんとか煩悩の苦を取ろうとするし、それから、いつ死んでもいい身になろうと思い、悪を出すまいと思って努力します。けれども、次々と病気は出てくるし、煩悩は出てくるし、始末がつかないところに、現世祈りの宗教をたのんで、病気を治してもらおう、貧乏から抜け出させてもらおうとするのでしょう。そういうところに行ったということは、裏からいうと、自分の力で生きていないという段階に踏み込んだのだと思います。

皆さんもそういう経験がおありだと思うのです。形としては現世祈りの宗教に行かなくても、心の向きがそんなことになるのではないでしょうか。そうすると、新興宗教にせよ、お稲荷さんにせよ、阿弥陀さまのお手だてとしてあるのではないでしょうか。だから現世を祈っている人には、しっかりお祈りしなさいと心に念じているのがいいのでしょう。もっとも、あまり祈ってそこに時間をつぶすと、後があるのだけれど。

遠く宿縁を慶べ

親鸞聖人は「遠く宿縁を慶べ」とおっしゃったが、それはやはりいろんなところを通らせてもらって、絶対無限の世界にまで運んでくださったという喜びなのです。比叡山というところ、つまり聖道門というのは、自分の力で明るくなろうという努力の場です。新興宗教に行っても、苦労しておられる人は、しておられるのです。それでも夫が死んだり子供が死んだりすると、今度はその宗教に腹を立てる。腹が立つのも当然です。

人間には、この身を助けたい、夫や子供を助けたいという願いがありますから、それには新興宗教のほうが早いです。貧乏を金持ちにしてくれるし、病気をよくしてくれるというのですから。しかし年を取って体の自由もきかないようになったら、病気を治すこともだめだし、今さら金も要らないし、そうなるとこの世ではもう助からないから、死んだらいいところに行って助けてもらおうということになるのでしょう。だから、南無阿弥陀仏の教えは、だいぶ年を取らなければ出てこないのかもしれませんが、しかしそれも心の問題で、体の自由がきかないようになってくると、やっぱり念仏ということがあるのでしょう。まあこれは一応そういう筋書きを申し上げているわけです。

しかし、それは二十願といって、半自力半他力です。これは、念仏を称えて自分をお浄土に往って楽させようというところに、まだ私が残っているから、機法一体ではない、機法別体です。機は表現、法は親、それが離れている。死んで親のところへ行くというのです。そういうところに浄土真宗の必要もあるのでしょう。

法然上人は念仏為本といって、称えることによって念仏の力で親元に往くとおっしゃいました。これは浄土宗の要です。親鸞聖人の場合は信心為本です。称えることで往くのでない、もうこちらは称える力もないところに、仏さまがそのまま来いとおっしゃる。即得往生です。それからまた死んでから往くというのではなくて、親元に本当に抱かれたら、この世界は私の世界でないのです。私の世界だけれども、単に私ではない。そういうことを背景にして、私は如来の一人子であるというところに、念仏を信じたと同時に一切が絶対無限の妙用であるという信がここに今成就する。そうなれば、灰になっていくということに、もう用事はないです。知らなかっただけで、過去も法の命で現実まで運ばれてきた。今も運ばれている。また未来も運ばれていく。そこにお念仏の本願ということは条件づけをなさらないのです。

『歎異抄』の十三条にもどりますが、

悪をおそれざるは、また、本願ぼこりとて、往生かなうべからずということ。この条、本願をうたがう、善悪の宿業をこころえざるなり。

「悪をおそれないのは、本願にほこっているのだ。甘えているのだ。そういう者は往生できないと言う人があるけれども、それは本願のおいわれを、あやまたせるものだ」と言って、ここで憤慨してあるのです。もう一つ、善悪ということも自分で善悪の行ないをしているというところに迷いがあるのだと、そこを解明してあるのが、この第十三条です。

私は今、悪を恐れないどころでない、悪があったらこそ、お念仏になったと思っています。私自身それでありがたいです。始末のつかない悪があったらこそ、私は本願に喚ばれたのです。悪がある者は阿弥陀さまに喚ばれないという世界ではなくて、始末のつかない悪があったらこそ、私は念仏が称えられる身になった。しかも真に醜いその悪を種にして、この根元の、親元の世界を知らせてもらった。その幸せを私は喜ぶのです。

自分のことを申して恐縮ですが、私は今は石川県の寺にいますが、若いとき九州の実家におりましたころ、かわいがっていた近所の子供が九歳で脳膜炎で死んでしまったということがありまして、それが私に無常を直接感じさせたのでした。私は寺の生まれではなかったけれども、そういうことが私を京都の大谷大学へ押し込んでくれたのです。今考えますと、「武士は念仏なんかするものではない、あれは弱虫のするものだ」という考えの実父に二十年育てられた私を、ああいう学校に押し込んでくれたのは、そのころ流行していた倉田百三の『出家とその弟子』なんかを読んで、親鸞聖人という方はありがたい人だと感動したからだったということもあったし、よほど秀才なら一高（旧制第一高等学校）ぐらいには入っていたかもしれないが、お陰様で阿呆だったたから、大谷大学ならズボラでもやって行けると思ったこともあったかもしれません。

私はいつも言うのですが、現在が本当の幸せだということになれば、今日までのことはみんなよかったことになると思います。自分はこんなに苦労したとか、ああだったこうだったと言っている人は、どうも現実が本当に心がほどけていないのではないでしょうか。本当にほどけていれば、その過去がみんなよかったということになるでしょう。過去の愚痴を言われても、仏さまは「ああ、その愚痴も無理はない」と、何でもそれを抱いてくださるのです。けれども「自分は苦労してきた」と過去を語らなければならないというのは、何か胸にしこりがあるのではないでしょうか。

中には、「これだけやってきたのに相手が認めてくれない」とか、「これだけ私は頭下げているのに相手は少しもわかってくれない」とかいうような愚痴を言う人もある。それもそうでしょうけれども、その苦悩のところにいつでも仏さまが抱いてくださる。苦しんでいるその言葉までをも如来さまが抱いてくださるのです。病気の子供が、「お母さん、お母さん」と言って親に抱かれるようなもので、そういう世界が南無阿弥陀仏の世界です。

そんなことで、私は大谷大学に入りました。しかし、学校で毎日南無阿弥陀仏のお話を聞いても、念仏は出ません。皆さんも経験がおありではないですか。若いときには、称えなさい、称えなさいと言われても、なかなか出ないものです。出さなくてはいかん、称えよう。称えれば助かるのだ、胸のしこりは取れるのだ、とは思うけれども、私は出なかったです。

あるとき先生が講義の後で「何でも質問しなさい」とおっしゃったから、「先生、南無阿弥陀仏というのは、どういういわれですか」とお尋ねしたことがある。先生は私の顔をじろりとにらんで、「このごろの学生は生意気だ。わしをテストしようと思っとる」と言われた。こっちはそんな気ではないのですが、「先生、あなたは本当に南無阿弥陀仏がわかっているのですか」と詰問したように先生は受け取られたのでしょう。

こちらは自分がせつないものだから、南無阿弥陀仏の本当の心を聞きたいと思って、真剣に尋ねたのですが、それがどうもズレていたわけです。だから、怒られてもピンとこなかった。その間にうまい具合に鐘が鳴ったからよかったのですが。

先生が教場を出て行かれた後で、横の席にいたMという男が、「君、あれだけ怒られてるのに、いやに悠然としていたな」と言いました。先生に、「このごろの若い学生は…」と言われても、私がかしこまって先生を見ているものだから、先生のほうが頭にきていて、私のほうが何か平然としているように見えたのかもしれません。

「そうか、わし、怒られとったんか」

ズレているから、それがわからなかったのです。

微塵も救いのない私の幸せ

家の中でもそういうことがありますよ。嫁さんは当たり前のことを言ったのに、それが妙に姑のカンにさわって、何か仕返しをしてやろうと思って暗くなっている。けれども嫁は、そんなズレに気がつかずにニコニコして歌なんか歌っている。「さっきあんなにひどいこと言ったのに」と、姑はますます腹を立てる。そんなことがありますよ。

まあそんなことで、なかなかお念仏が出ません。それでも結局は、私を念仏に押し出してくれた。私は、念仏を出さないようにしているところのものを「お障りさま」と言うのです。その一線、その一点だけが、浄土真宗の教えだと私は思います。

だから皆さんが困られたときに、私はちっともその人に同情しません。「これだけ私は涙を流して苦しんでいるのに、先生はニコニコしている」と私に言うが、しかし、おっしゃることに同情してあげても、どうにもならないのです。同情の世界は、個人の世界でしょう。個人の世界にいくら慰めを言ってみても、一緒に流されなければならないだけです。その人に同情申し上げて本当にご苦労さまだと思うけども、ご苦労さまと言われても、その人の胸のしこりは取れないです。だから私、よく恨まれるのですよ。「なんという薄情な。あんな藤原なんか死んでしまえと思った」と言った人もあります。そういう人があちこちにある。

お聖教には「仏殺祖殺」と書いてあります。やはりみんなそこを通っておられるのでしょう。仏殺ということは、仏さまが慈悲をくださると思っていたけれども、何一つ私に同情してくれないから、仏さまに棄てられるこちらが仏さまを殺すのだ。六世紀に日本へ仏教が入ってきたとき、物部守屋らが寺や仏像を焼き棄てたということがありましたが、お祈りしても効かないものだから仏教を何でも棄てたのでしょう。あれは信仰しているよりも棄てたほうが助かっているのかもしれません。

お師匠さんも棄てるのです。「私は暁烏先生のお話を聞きました」「藤原鉄乗先生の話を聞きました」と言って、子分みたいな顔をしていると、私はゾッとするわ。「お師匠さんに遇わにゃならん」「私のお師匠さんは…」などと言う人を見てもゾッとします。お師匠さんなんかにすがっていても、人間同士のことだから、いつかは棄てられますよ。仏さまを棄て、師匠を棄てて、それでも毎日苦悩は出てくる。そのまったく自力の間に合わないところに、はじめて如来の「生死も煩悩もみんな私事でない」というお慈悲がはたらいてくださるのです。

今まで南無阿弥陀仏を称えて私の幸せをさがしていたけれども、十八願の念仏は、仏殺祖殺で、みんな無条件に棄てられたところに浮かぶ瀬があるのです。浮かぶといっても、私が浮かぶのではありません。私は法身であったという浮かび方をするわけです。そうすると、話がそこでわかる。それを「帰命無量寿如来」というのです。あれは親鸞聖人が死なれたから、あの言葉が出たのです。しかもそこに「南無不可思議光」、一切が真に大法界が廻向されているというところまでこなければ、法界は出て来ないです。

妙好人才市さんは、

「微塵でも私に救いがあると迷う。微塵も救いのないことが私の幸せだ」

と言われました。あれはもうぎりぎりのところで、仏も間に合わないし、お師匠さんも間に合わないし、一切が間に合わないところに、「微塵も救いのなくなったのが私の幸せ」と言われたのです。南無阿弥陀仏ということは、助かろうというのが迷いだったのです。まかせるのでない、たのむのでもない。まったく助けのないところにいっぺん親元に行けば、どんなことでも親が責任持ってくださるのです。それが親の仕事になるわけです。

昔から一念帰命ということがありますが、帰命して助かるのではありません。私が死ぬことをいうのです。また、そのことよりほかに死ぬということはありません。「お念仏すれば死んだらお浄土に往く」というのは、あれは話です。生きている間に、今、死ぬのです。しかし、私が死ぬというのではない、私は死ねませんよ。困れば困るほど煩悩成就、煩悩具足で、どうもこうもならないのです。その煩悩具足のところに、ただお喚び声だけが残っているわけです。

普通、信心というのは、仏さまにたくさんお詣りして一心一向にお祈りしていることだと思っていますが、そんなこともう間に合わないところ、どこにも助けのないところに、ただ一つ助けがあったのでしょう。どこにも助けのない日本が、自分をいじめ尽くした敵に頭を下げて、その懐ろに行ったと同じことでしょう。他にどこにも道はなかったのだ。天皇さまにしてみれば、戦争を続ければ国民がまた原爆でやられる。やめれば先祖にすまぬ。もう心のやりどころがなくなってしまったわけです。天皇さまは救いをまったく失われた。ただ一つ喚び声があった。それは敵です。一億玉砕でアメリカを潰そうと言っていた、その敵の喚び声に応じたのです。

私たちにすれば、阿弥陀さまは敵ですよ。阿弥陀さまは、ろくなことはしないですもの。その敵に喚ばれたわけです。喚ばれてみたら「死ぬも生きるも親のお仕事でございました」と、そういうことなのです。

あのころこんな話があった。アメリカの兵隊たちは、日本人はハラキリ（切腹）なんかを平気でやるような野蛮な民族だから、我々が進駐したらどんなことをするかもわからないというので、銃を構えながら船から下りたのだそうです。そしたら日本人は「いらっしゃい」とばかりにニコニコしていたという。あれ、戦争最中だったら捨て身の攻撃をやっただろう。私の力が間に合わないと知らしめられたところに、生かすも殺すもあなたのままという自由が日本人に出てきたのです。そういうところで心が転換して、「いらっしゃい」というニコニコできる世界が出たわけです。

しかし、その「いらっしゃい」になろうと思ってそこに行きついてはいかんです。助かるのではないのです。逃げ出そうというのは無理なのです。まったく逃げ場がない。「いずれの行もおよびがたし」で、そこで抑えてしまっては、まだ私が残ってるから、いかんわけです。そこに「我が名を称えよ」とのお喚び声を聞いて、念仏を称えようという心が起きると同時に私が死ぬ。そこが一念帰命、仏に遇う場所です。こういうことが言ってあるわけです。それには、やはり念仏が称えられる、あるいは掌が合わさる、一心一向になる。みなそれが宝です。

口割りたまう南無阿弥陀仏

私は大学の予科が終って学部に入ってから、お念仏が口を割ってくださいました。

いずれにも行くべき道のたえたれば　口割たまう南無阿弥陀仏

「私はいずれにも行く道が絶えた！」などと、そんなことを考えているときは、まだ絶えていないのです。念仏が出たということは、始末のつかぬことになっているのです。子供が喧嘩して「お母さん」と呼んだときは、もう向こうには勝てないというところへきたのでしょう。念仏申さんと思い立つ心の起こるところに、摂取不捨の利益にあずかるのです。それがお念仏ですよ。ですから、お念仏の真似でもしなさいと私は言うのです。恥ずかしかったら布団の中でそっと一声でもいいから名のりをあげておきなさいとも言うのです。こんなことは蛇足でしょうけれども、こんな話も聞いているとお念仏が出るようになるかもしれません。

浄土真宗の教えは「念仏よりほかに往生の道を存知せず」です。法然上人は日に七万遍もの念仏を称えて、私たちに見せてくださった。ありがたいですねえ。浄土真宗は信心為本だから称えなくていいなどというのは阿呆だ。称えた人の上において信心為本が出るのです。みんなそれが宝です。それなら、なぜ私にお念仏が出たかといえば、やっぱり体が弱かったということが宝です。

この間、郷里の友達が『秋月物語』という本を送ってきてくれたのですが、その中にこんなことが書いてあった。

私の母方の大伯父ぐらいになる人に藤田という人がありまして、この人が九州でも三指に入るほどの剣道やら槍やらの達人だった。この大伯父の門弟の中には、あの高浜虚子のお父さんがいたらしいのです。伊予からわざわざ秋月まで修行に来ていたのでしょう。その縁で、後に俳人高浜虚子が遊びに来て、だから虚子の歌碑が秋月にあるのです。まあ、そんなことが書いてありました。

そういう関係で、兄弟も従兄弟も、みんな剣道をしていました。筋がよかったのかどうか、私も剣道が強かった。それがおもしろいのです。大学予科のとき、京都じゅうの大学、専門学校などの試合があった。一学期の五月ごろでした。私は剣道部には入っていなかったのですが、誰かが私のことを聞いてきて、臨時に補欠選手になれと言われた。ところが試合当日、二番目に出場するはずの選手が突然の故障で出られないようになって、私が代わって出たのです。団体試合ですから、選手は各チーム十人ずつです。こっちの先鋒の人が負けた。私は二番目です。三本勝負でしたが、まず一人倒した。

それから二人、三人…と、九人まで続けて倒すのに、二時間かかりましたよ。もう三人目、四人目ぐらいまで勝ち進むと、これは強いわと向こうが先に思うからか、打ってくださいとばかりに、胴をあけて待っているようなものだ。そんな気がしましたね。そうするとこちらも、いつ負けてもいいという気になっているから、向こうのスキが見えるのでしょうね。

　どんどん勝っていって、九番目の副将までになると、さすがに二時間の疲れが出てきたのでしょう。腹の中では「また今度も」とも思うけれど、あんまり勝っては向こうにすまんという気もおきて、あっさり面を打たれて退いた。けれど補欠選手のくせにそこまで勝ったのだから、殊勲、敢闘、技能、三賞ものです。もう味方の選手全員で手をもみ足をもみして、あんな大切にされたことはなかったです。

　そういったこともありましたが、熱があるのに剣道の稽古をしてい間に、ある朝、痰を吐いたら血が混じっていたのです。あの血が私の宝ですわ。その時は、いやなものですわなあ。今思ってもいやですよ。今どきなら血痰が出てもしばらく病院に入ればいいのでしょうが、五十年前のあのころは、肺結核は業病といって、ほとんど確実に命がないといわれていました。それが私を自力無効というところへ追い込んだのです。自力無効で助かるのでないですよ。自力無効になればなるほど、煩悩は燃え立つのです。助かりたいというのが出るのだ。「ああ、私は自力無効になった。力がないから、みんな如来のお仕事だ」と、そんな畳の上の話でない。自力無効となれば、身も心も生きたいというものでできているのだから、私の心は震えあがります。

　あくる日は、痰を吐いたり大きな咳をしたりするとまた血が出るかと思うから、用心してそーっと出すのですが、やっぱり痰が血で桃色に染まっている。そうすると一日不愉快なのです。

そのうち、いろんなことでお金がないようになって、書生に行ったのです。その書生が勉強だけしていてくれればいいという書生で、これまた困ったものだ。掃除だけしてくれればいいという書生なら、掃除さえすればあとは寝ていればいいのだが、勉強だけしていてくれという書生は、したくなくても勉強したような顔をしていなければならん。船長さんのお宅でしたが、奥さんが私のようすをちゃんと見ている。私は咳が出ても、お医者さんに行っているということは秘密にしておかなくては追い出される。だから、口に手拭いを当てて、そっと咳をしながら、早く十時にならんか、早く十時にならんかと、そればかり気にしていた。一週間に二回ほどは注射に行ったのですが、なかなか微熱がとれませんでした。

そういうことが、私をして南無阿弥陀仏の口を割らしてくださったのかと思います。ですから、「私はこんな苦労をして」と言って苦しんでおられる人を見ると、私は「この方は念仏までおいでになるより他に幸せがない」と思うから、ニコニコしているのです。そうすると、その人は、「これだけ私は嘆いているのに、先生は薄情な人だ」と怒ります。こちらはお腹の中ではこの方に同情していても、どうにもならないものだから、ただニコニコしているしかないわけです。そういう私のことを、「こんなやつ、殺しても飽きたらん」と思われただろうが、そんなにまでになった人は仏さまが出なさるですよ。

それから、あれが二十二、三の年ごろだったから、やっぱり体に色気が出ていて、その始末に困ったものです。いろいろなことに困っていたが、称えよう称えようと思った私が称えたのではない。やっぱりお念仏のほうが口を割ってくださったのです。「いずれにも行くべき道の絶えたれば」ということは、言葉にすればそれだけのことだけども、また皆さんから言えば大した心配でないと思われるかもしれないけれども、しかし念仏が出たら、私相応の苦しみだったのです。それでいいではないですか。悪人正機だと言って、わざと悪くしなくてもいい。

宿業の身

ともかく、お念仏が四十年前に口を割ってくださったということが私の幸せです。いっぺん出てくださると、また南無阿弥陀仏と出てくださる。薬が薬の仕事をするのです。私では力がないから薬を飲んで、その薬が薬の仕事をしなさる。私が仕事するのでないです。私がもうあらゆることに行き暮れたところに、南無阿弥陀仏という薬を飲むところに、念仏が仕事をなさるのだ。

四十年ほどたってみれば、これが真に等正覚だったのです。大法だったのです。そ
れなら「いつ死んでもいい」という気になったかというと、そんなことはありません。
どこまでも死にたくないです。しかし、今まではその煩悩を取り除いていかなければ
ならないと思ったけれど、今仏さまに遇うと、その煩悩がそのままに法のおはたらき
であった。といっても、その言葉を握ってはいかんのですが…。

私の力がゼロになれば、煩悩はもはや私の煩悩ではないのではないですか。また、
私がゼロまできて死ねば、この煩悩がみんな平等です。煩悩は平等ですよ。水は、平
らな土地を流れるときは音をたてないでしょう。傾斜地ではサラサラと音をたてて、
滝のところに行くとドーッと音を響かせる。そしてまた傾斜地にくるとサラサラ。あ
れほど騒いだ滝の音も、平地へ出ると音がしない。そのごとくに、私というものはな
いのです。これは法の命なのです。

そうでしょう。一人一人性格は違っていても、滝のところにくると、やっぱり轟音
とともに水が落下します。それがまた平地へ来ると音もたてずに流れる。そういうふ
うに「私なし」ということは、みんなが法身に見えるようになるのです。残るところ
もなく、願力不思議をもって、一切が永遠不変で完全無欠な法によって運ばれている、

ということに胸のしこりがとれるのではないですか。善悪ではないです。「悪いことをしました」といくら反省しても、出るものは必ず出ます。

そういうことで、ここでは、「悪いことをした者を救うと、いくら阿弥陀さまがおっしゃっても、悪をおそれないのは本願ぼこりといって親元に往かない」と、そんなことを言うのは本願にそむいているのだ。唯円さまは、ご自分を通してこのように言っておられるわけです。

それならば、いくら悪いことをしてもいいのですかという。悪いですよ。善い悪いということから言えば悪いです。だから皆さんも、自分の気のすむこととか、相手の喜ぶこととかをしていったほうが楽なのだ。わざと泥棒をしたり、わざと相手を蹴飛ばしたりすると返しがきます。それでもやっぱり出てくるのでしょう。この間も、おばあさんが背骨を折って入院したから、どこから落ちたんだと聞いたら、畳の上で転んで背骨を折ったというんだからねえ。そういうふうに悪が邪魔になるのではないのです。

それからいうと私は、そういうあさましいことやら、いろんな悪が、お念仏を口割らしてくださる種であったわけです。だから私は「お障り様」というのです。

いっぺんそうなると、毎日悪を取り除こうとかかっているけれども、しまいにやっぱり往生するのです。その悪が取り除けないというところに、如来さまが「善悪で親元へ来るのではないぞ、南無阿弥陀仏と称えて来なさい」とおっしゃる。助けるということは、本願の力で法身であったということを知らしてもらうことです。そういう助け方なのです。

もう一度申します。「本願ぼこりでは往生ができない、親元に往けない」。これは本願の内容を疑い、善悪の宿業を心得ぬものである。だから、

よきこころのおこるも、宿善のもよおすゆえなり。悪事のおもわれせらるるも、悪業のはからうゆえなり。

善いことをしたという心が出ても、私がしたのではないのです。しなければならないようなご縁が出てきたのだ。悪いことが出ても、それも私が悪いことをしなくてはならないようなことが出てきたからだ。

それで親鸞聖人はおっしゃった。

「卯毛羊毛のさきにいるちりばかりもつくるつみの、宿業にあらずということなしとしるべし」とそうらいき。

仏さまに遇わない間は私の罪ですから、卯の毛や羊の毛の先にいるちりばかりの罪も、みんな私の長い間に造ってきた罪です。また、私の生まれる前の先祖が造った宿

業も、イヤだと言ってみても、親を怨んでみても、みんな私に出てきている。そうでしょう。善いことも悪いことも、そうならなくてはならないようにちゃんとなっていて、もう動かすことはできないのだ。その因縁を切るといっても、神さまにたのんだぐらいで切れるようなものではないです。まあ、一度体験的にやってみなさればいい。

子供が死んだお礼参り

私が創価学会にお参りに行ったときです。前にいるご婦人が話しかけてきた。

「あなた、どこへ行くんですか」

「創価学会に行きます」

「私も行きますから、ご一緒に行きましょう」

「何か子供さんでも病気でいらっしゃるのですか」

「いいえ、今日はお礼参りに行くんです」

「子供さんの病気がよくなったのですか」

「いいえ、この春子供が死んだから、お礼参りに行きます」

ちょっとわかりませんでした。子供が死んだからお礼参りに行くという。

「私の家は念仏の家でしてねえ、子供が病気だったから、みんな反対されながら創価学会に行って、一生懸命お祈りしました」
と言う。子供がだんだん元気になってきたので、周りの人何十人かに入会を勧めた。そしたらこの春、その子がコロッと死んだ。「南無妙法蓮華経」と一生懸命に祈れば子供の病気がよくなると言われて、だいぶよくなったから他の人にも勧めたけれども、しかしコロッと死ぬような、そういう宿業が用意されていたのですねえ。一時は因縁を切ったと思ったわけだ。しかしもうひとつ、春には忽然と死ぬという不可抗力的な因縁が用意してあった。そうすると学会のほうでは、「祈り方が悪いから死んだのだ」と、こう言わなくてはならんわ。

日蓮上人もそうでした。最後には中風になられたのです。元気な時は南無妙法蓮華経と祈っておられたけれども、最後には中風で口がきけない、手も合わないというようになられた。そういうところに、日蓮上人はまた、ありがたいです。自分はこれだけ祈って、自力で仏になろうと思っていたけれども、いくらやっても出るべき宿業が出てきた。日蓮上人はそこに初めて、宿業を入れかえようとする祈りをしていた自分に気がつかれて、南無阿弥陀仏となられたのです。

南無阿弥陀仏ということは、宿業と相撲をとって、善いとか悪いとか言っている間は親に遇わないのです。だから「いわれ」を聞くのです。宿業というものは不可抗力的なものなのです。それには宿業と相撲をとってみなければなりません。皆さんも、宿業と相撲をとっておられるのです。なぜ私はこんなに幸せが悪いのだろうか。

それは幸せが悪いのではない、宿業が出ているのです。入れ替えられるようなものは宿業とは言わないのです。宿業は入れ替えられません。手がつけられないのを宿業というのです。だから、生まれたときから女は子供を産むような機能を持ってきているだろう。男は生みつけるような機能を持ってきている。あれは宿業ですよ。はじめから女は女の体を持ってきているし、男は男の体です。

昨日の夕食の後、皆さんは何ともなかったですか。私は夕べからおなかが痛かったから、昨夕食べた何かが悪くて、今日の会はみんなおなかを下しているかと思ったら、誰も下してなんかいない。私の宿業で、私だけが下痢しているのです。体が弱っていたり、いろんなことで、おなかが痛くなるようになっているのだ。それは誰も取り除いてくれないし、また相手にゆずるわけにもいかんのです。

黄色い花が紫になりたいと思っても絶対なれません。だから宿業を受けて立つということもいいけれども、我々からいえば宿業はもう絶対に手がつけられないのです。絶対に宿業は動かせない。どうにもこうにも始末がつかない。そこのところを「お母さん！」と呼んで、親元に来いとおっしゃるのです。八方塞がりだが、ただ道が一つある。親のお慈悲をもって「称えなさい」とおっしゃるのです。

実は、阿弥陀さまはお慈悲でそうおっしゃるのであって、阿弥陀さまに摂取されたということは、裏からいえば自由が殺されたのです。また、殺した瞬間に五十年の穢身を棄てはてるのだ。そして法性の常楽を証してくださるのです。

煩悩具足と信知して　本願力に乗ずれば

すなわち穢身すてはてて　法性常楽証せしむ（『高僧和讃』善導讃）

私が妄想していた五十年の命を棄てはてて、「法性常楽証せしむ」。みんなこれは法の命であったということを教えてくださる。

それが煩悩具足という一番我々の邪魔になるものを種にして、任せてこいとおっしゃるところに、その道が一つ南無阿弥陀仏として残してある。

法性というと腹が立たないのかと思いますが、そんなことはありません。腹も立つし、いやな病気にもなる。それがそのまま、如来が責任を持ってくださる。まあ、そういう言葉でおっしゃってあるわけです。

ともかく、こちらの自由が微塵でもあったら、法性という世界はわからないのです。そういう建前になっている。だから、悪いやつは助からないなどというのは、もっての外なのです。それがここに言ってある。

「卯毛羊毛のにさきにいるちりばかり」の罪も、みんなアメーバーの時代からの長い長い歴史でできあがったものです。何億年かかっているかわかりません。そして現実に、氷山の一角どころでない、まるまるそういう世界から出てきているのです。それを私たちが何かの力で入れ替えようとしているのだ。

その子供に先に死なれたという母親ですがねえ、「どうしてお礼参りに行くのですか」と尋ねたら、

「私は南無妙法蓮華経で子供の病気をよくしようと、一生懸命やったけれども、死んでしまった。まったくいくら祈っても、子供を病気や死から救うことはできないということを、私は創価学会から教えてもらいました。だからお礼参りに行くのです」と言う。創価学会ましましたからこそ、祈るだけ祈ってみたからこそ、自力が間に合わないということを南無妙法蓮華経で教えてもらった。だからお礼参りに行くというのです。

そうすれば、子供の死んだことがまた、それだけの命を如来からもらっていらっしゃったのだと知れるわけです。それが南無阿弥陀仏という世界です。

煩悩を断ぜずして涅槃を得

しかし母親だったら、もう死ぬまで「あの子がおったら」と胸かきむしって嘆くことでしょう。そのことがまた母親のお仕事ですよ。それを「煩悩を断ぜずして涅槃を得」という。そういうことが「智慧海のごとし」で、どんなものでも如来さまの眼をもらうのです。穢いとか奇麗とか、そんなところでものを言わないのだ。こういうことを六字に依って知らせてもらったのを、「如来大悲の恩徳は、身を粉にしても報ずべし」と、こうおっしゃってあるのです。

それに、途中で迷うわけです。善いことをした者が先に往くとか、悪いことをしたら、いくら念仏を称えてもだめだとか、こちらのほうで作っている。そういうことではないぞというわけです。

そして親鸞聖人は、唯円房にこうおっしゃった。

「お前は、わしの言うことを信ずるか」と。

「はい、あなたのおっしゃることは何でも信じます」

「それなら、私の言ったことを、お前、間違えずにやるかね」

「はい、どんなことでも、謹んでおっしゃるとおりいたします」

そしたら、

「では、人を千人殺してきなさい。その功力で往生は一定する。必ず親元に往くことができる」

よもやこんなことをおっしゃられるとは思わなかったのでしょう。身ぶるいしながら、

「いくらお師匠さまの仰せであっても、この身の器量では一人さえも殺すことなどできません」

と申し上げると、親鸞聖人はちょっと怒ったふうにして、

「お前、いま、わしの言いつけに間違いなく従いますと言ったばかりではないか。どうしてお言いつけに背きませんなどと言うのか」

とおっしゃった。若い唯円は、もう青くなって、平身低頭している。

そこで言葉をやわらげて、

「このことでもわかるではないか。どんなことでも心にまかせて思いのとおりになるならば、往生のために人を千人殺せと言われれば、千人殺すことができるだろう。しかしながら、たとい一人であっても殺しおおせるような業縁がないから、つまり殺すべき種がないから殺さないのだ。私の心が善いから殺さないのではない。殺すまいと思っても、業縁が出てくれば百人千人を殺すこともあるだろう」

と仰せられた。私の心が善いからお浄土に往くとか、心が悪いからお浄土に往かない

とか、そんなことではない、阿弥陀さまのご本願の薬で親元に往くのだぞと、こういうわけです。よく聞いた者だけが往くとか、聞かない者は往かんとかいうのではない。仏のお力で往くのだから、「お母さん」と呼ぼうというところに親元に往くようになっているのだぞと、そこをやかましくおっしゃるのです。

私たちは、はっきりしたとか、しないとかいうところで相撲をとりやすいようです。如来さまには、はっきりするとかしないとかは、用事のない世界です。お話を頭で聞くものですから、何かはっきりしたというところに救いがあり、はっきりしないところには救いがないと、こう思う。そうではない。はっきりした人も迷っているし、しない人も迷っているわけです。いよいよ煩悩具足と信知して、手のおえないところに、南無阿弥陀仏というのです。

また、そうなったところには、聞くとか聞かないとかは用事がないのです。何を聞くかというと、そういう「いわれ」を聞くのです。昔から「覚えてこいでない、聞いてこいでない」と言ってありますが、そういうことでないぞ、万策尽きたところに南無阿弥陀仏がある。

悪に責められる悪人が、本願ぼこり、そんなことではない。いくら言われようと、その悪に始末のつかないところに、自分の身体の弱いところに、行き場所のないところに待ち受けてくださるのが、本願の南無阿弥陀仏である。それが本願のおいわれであると、こういうふうにおっしゃってあることでございます。

往生みたびになりぬるに

法然上人のご臨終

いつもお話の前に「三帰依文」をお称えしますが、あの三宝、三つの宝がお釈迦さまの胸にはっきりなさったところに、お釈迦さまの心がほどけたのです。はじめが「大道を体解する」、これが根本でしょう。それが出ると、次に「智慧海のごとし」と、こういう世界が開けてくるようです。

私、父鉄乗師が亡くなってから、毎朝のお勤めに親鸞聖人のご和讃を順次繰り読みにいただくときに、何かこうピカッと光を感ずることがあるのです。自分の体が弱ってきたということもあるかもしれません。そのことを特に強く感じたのは、法然上人のご和讃の、

命終その期ちかづきて　本師源空のたまわく
往生みたびになりぬるに　このたびことにとげやすし（『高僧和讃』法然讃）

という一首です。この「往生みたび」という言葉には今までも何度もひっかかって、考えさせられ、教えられております。

親鸞聖人のお師匠さまである法然上人が、自分の命が終わる時が近づいたときに「往生みたびになりぬるに、このたびことにとげやすし」とおっしゃったというのです。もちろん史実から申しますと、法然上人がお亡くなりになったときは、親鸞聖人は越後のほうに流されておられたのですから、おそばにはおいでにならなかったのです。まあ、あとで聞かれたのでしょう。

おかげさまで私も、法然上人が「往生みたび」になって「このたびことにとげやすし」と言われたお言葉が、わが身のこととして感じられるのです。本当にありがたいことです。

お釈迦さまにしても、どの高僧方にしても、出発は、毎日命が減ってやがて白骨になるという生死問題が気になって、そこから教えを聞かなければならないということになるわけです。皆さんの腹の底をよく調べてみると、やっぱりこの身一つが自分のお城ですから、これがだんだん滅びていくというところに苦悩の根本があると思うのです。そして、お釈迦さまは悟りをひらいて仏に成られた。仏に成るということは、胸のしこりがほどけられたということです。

ここでも法然上人が、命の終りが近づいたけれども、私は今日までに三回往生したのであって、「このたびことに」この生死問題が「とげやすし」。三回の往生は、なかなか骨の折れたことであったけれども、今命が終るというのは、四度目の往生で行き詰まりだから往生が遂げやすいとおっしゃったというご和讃に、私の心が光を感じ、これが問題として考えさせられるのです。

往生という字は「往って生まれる」と書いてあります。私個人からいたしますと、往生というのは、行き詰まるということです。それを一方からいうと、新しい世界が開けるということです。往生極楽、極楽に往生する、極楽の世界に往って生まれるというのですから、新しい世界が展開するわけです。ですから、わかりやすく申しますと、「自分は三回行き詰まったから、今こういう世界が展開した」というのです。

「このたびことにとげやすし」というのは、「いつ死んでもいい」などということではありません。ちょっと考えると、「三回往生したのだから、もういつ死んでもいい、そういう気になった」ということだろうかなどと思う。よくそういうことを言う人がいます。どうせいっぺんは死ぬのだから、死ぬくらいのことはいつ死んでもいいなどと言いますけれども、「いつ死んでもいい」というのは、死にたくない者がそう言っているのであって、自性は死にたくないのです。それだけ気負っているわけです。

仏法は「臨終つき詰めて聞け」といいます。しかし、なかなか臨終つき詰めて仏法を聞けるものではないです。それで臨終つき詰まった人の教えを聞かせてもらいましょうという。高僧方というのは、みんな臨終つき詰まって、そこから発言なさっている。だから、我々も達者な間に臨終つき詰まった方がたの教えを聞いておこう、そうすると自分が臨終つき詰まったとき、それがご用に間に合うということなのでしょう。

生死の問題の解決

清沢満之先生は、肺病で血を吐いて、いつも死の恐怖にさらされておられた。いよいよ臨終がつき詰まって、亡くなる四、五日前に「我が信念」を書かれた。その少し前には「他力の救済」を書かれたり、「絶対他力の大道」を書かれたりしておられます。

人間、何を言っていても、この身が壊れていくという問題が一番根底をなしているのではないでしょうか。社会にはいろいろな問題があります。けれども、たとえば不景気になるということも、不景気になれば自分の身が保てないということが根底の問題ですし、台風で鉄道が損害を受けたり、田畑が水害に遭ったりすることも、根本的にはみんな私のこの命に関わりがあるものですから、そこからいろんな不安が出てくるわけです。ですから生死問題というものが何らかの姿で解決がつけば、他のことは軽い問題ではないですか。全部そこに根底があるわけです。

お釈迦さまが城を出られたのは、「この身がどんなに幸せであっても、壊れゆく身である」というところに苦悩されたからでしょう。お釈迦さまは、生まれたときにお母さんを亡くされた。そのことが一番大きな問題ではなかったかと私は思うのです。どんなに裕福な暮らしをしていても、母を捜しても母はいない。そういう母の問題は、実は自分も死なねばならないというところに帰着するわけです。親鸞聖人は、九歳にして家を出て、比叡山に行かれた。これも周りのそういうものに脅迫されて、この人生の五十年、百年の世界にはどうも本当の安心がないというところから、不変なもの、壊れないもの、そういう世界を捜していかれたところに、出発があったわけです。

皆さんもそういう出発があるわけです。きょう皆さんがせっかく大切な時間を惜しんでここに来ていらっしゃるのは、「自分は今どういうところに安心を持てるのか」という問題があるからです。この藤原の話を聞きに来たのでなくて、それぞれ自分の生死について、どういうところに安心感が持てるか、という問題を持って聞いておられると思うのです。私もわざわざ長崎まで来て、皆さんに話を聞いてもらおうというのではない、皆さんが聞いてくださるご縁によって、私の生死問題をはっきりさせてもらおうということです。そうでなければ意味がない。何かいい話を聞こうなどという、そんなことではなくて、自分の生死問題が徹底しているかどうかを確かめようというのが、今日の集まりです。私もまた皆さんによって、私の生死問題がどういうふうに解明されているかということが、私の今から話すことの要なのです。だから、その話が気に入るとか気に入らないとかいうことが問題ではなく、どんなところでこの生死問題が解決をつけてあるかということです。

ここでは法然上人は、自分は三べん行き詰まって、今はこういう世界に心の安定を見出だしている。四、五日内には死ぬかもしれないけれども、今度死ぬということは「ことにとげやすし」と言っておられるのです。遂げやすいというのは、その問題がかくのごとくに解決しているというお言葉なのです。

いつもこの会に来ておられるKさんが、きのうはお見えにならなかったから、Uさんに案内してもらって、きょう原爆病院へお見舞いに行ってきました。Eさんも入院しておられたそうだが、病院で聞いたら、もう退院されたということでした。まあ退院なさって結構なのだけれど、病院に入っておられて、いろんな苦悩がおありになったことでしょう。今までの安心感で、そこが通れたかどうか。その病気によって、今までの自分の立場では間に合わなくなったのではなかったか。何かチャンスがないと、安心がテストしてもらえないです。私は、病気自体よりも、心の中にそういう問題が大きくのしかかっておられたと思うわけです。寝ても覚めても、いつも心にそういう問題があるのではないでしょうか。

私、今までおりました父に去年九十六歳で死なれてみたら、やっぱり父に依存していたなあというようなことを思いました。力が抜けて、今度は私の番だと思っていたら、今年の六月十九日には、三十歳になる娘が死にましたのです。父の死だ、娘の死だと、このことで私は、仏さまによって藤原の立ち場所、安心をテストしてもらった。娘が死んで可哀想だというのでなくて、私が生死問題についてどんなふうに安定感を持っているかということを調べていただいたわけです。

南無阿弥陀仏をとなうれば　十方無量の諸仏は

百重千重囲繞して　よろこびまもりたまうなり

というご和讃が『現世利益和讃』にございます。

百重千重に私を取り巻いて仏さまが守ってくださっているということは、何か五十年の命を七十年に守ってくださるというようなことかと考えていたけれども、そういう簡単なことではないのです。自分の身内の者、周りの者、みんなが死んでみせて、そして「おまえの安心感はどこにあるか」と確かめてくださる。そういうのが仏さまではないのでしょうか。子供が早く死んで可哀想だというけれども、可哀想だけではすまないのであって、それはやっぱり私一人の問題なのです。他人は誰もいないのです。いろんなものが私を脅迫し、そして私の本当の安心の場を探さしめてくださる。その種をくださるのが諸仏ではないかと思います。

初めは、仏さまが喜んで百重千重に私を守ってくれて、きょうも息災でいさせてくださるということだろうと、一応そう思っていた。しかし、それは必ず壊れる世界です。どこだかのお婆さんが百歳までも百二歳までも生きたとテレビでやっていた。それも結構なのだけれども、いずれ自分が死ぬとすれば、そういうところには本当の心の安心はないわけです。

法然上人も親鸞聖人も日蓮上人も、どの祖師がたも、みな出発はそういうところにあるのです。「往生みたびになりぬるに」とおっしゃるが、その往生というのは、どんなことでしょうか。普通に「往生した」というのは、こちらのほうが行き詰まることでしょう。行き詰まったら、次の世界が開けてきたのです。「三べん私は行き詰まったらこういう世界が開けた。そしたら、私は死ぬという問題が、今度はことに遂げやすい」と、こう言われるわけです。

三回の往生をとげる

皆さんも、きょうここにいらっしゃるということは、ともかく一ぺんの往生はなさっているわけです。私は法然上人の歴史はあまり知りませんから、親鸞聖人のことで「みたびの往生」ということをお話してみたいと思うのですが、親鸞聖人はやはり五十年の人生に不安があったものですから、壊れない世界を模索して、比叡山に行かれた。してみると、皆さんにすれば、ともかくここが比叡山です。第一番目の往生をしているわけです。ここにおられる皆さんは、ご主人が亡くなったり、子供が亡くなったり、自分が病気したりして、いろんなことに不安があって、きょうのこの場所があるわけです。親鸞聖人が行き詰まられて比叡山が開けたごとく、皆さんも行き詰まったからここにこうしておいでになっているわけです。

親鸞聖人が二十年間比叡山で修行なさったということは、自分の力で死んでいける身になるということでしょう。生死の問題に何とか解決をつけたいと、自分の力で二十年修行なさった。しかし、その修行が完成しなかったわけです。なぜかというと、壊れる肉体と壊れる頭でいくら努力してみても、それ自体が壊れるものだからです。「この世の中は絶対無限の壊れない世界から出ている」と言ってみても、壊れる者がそう考えているのですから、それでは答えは出ないわけです。

そういうところから、私はこのごろ清沢満之先生の「絶対他力の大道」に対して、あれは親鸞聖人の比叡山のご修行の場ではなかったかと思うのです。私は清沢先生のあの文章を読んだときに、非常に格調の高い、すばらしいお言葉ですから、それに魅せられて、本当に心酔いたしました。今でもありがたいと思いますが、それは第一の往生の世界ではないかと思うのです。それは自分が主体の世界です。私が主体で、「私というものは壊れない命から出ている」と私の主体が考えているのですから、壊れない命に帰ったのではないわけです。壊れないお命を私の意識のほうに引っぱってきて、私は壊れない命の中にいるのだから心配しなくていいと、こういうふうにおっしゃっている。ということは、やはり心配しているわけです。そういうところに清沢先生が、第一の往生の世界を「絶対他力の大道」の世界で細かに教えてくださっているわけです。

その第三節を読んでみましょう。

我等は死せざるべからず。我等は死するもなお我等は滅せず。生のみが我等にあらず。死もまた我等なり。我等は生死を併有するものなり。我等は生死に左右せらるべきものにあらざるなり。我等は生死以外に霊存するものなり。しかれども生死は我等の自由に指定し得るものにあらざるなり。生死は全く不可思議なる他力の妙用によるものなり。しかれば我等は生死に対して悲喜すべからず。生死なおしかり、況んやその他の転変においてをや。我等はむしろ宇宙万化の内において、かの無限他力の妙用を嘆賞せんのみ。

皆さんも、ここは何べんも読んで、記憶していらっしゃると思います。一応申しますと、「我等は死せざるべからず。我等は死するもなお我等は滅せず」、私たちは死ななくてはならない。しかし、私たちは死んでも、私たちは滅しない。なぜなら、これはみんな法のはたらきだからだ。生まれるも法のはたらき、灰になるも法のはたらきである。だから、私たちは死ななくてはならないけれども、死んでも法によってあらしめられているのだから、私たちは滅しないのだと言われるわけです。

それから「生のみが我等にあらず。死もまた我等なり」。この世の中は、一切が絶対無限のおはたらきによってあらしめられている。そのご活動から私たちは生まれ出たのだから、生だけが私たちではない、死んで白骨になっても、これは法のはたらき、絶対のはたらきなのだ。死もまた法のはたらきだから、死もまた我等であると言われるのです。

その我等は法身である。法の命である。生も死も共々に法のはたらきであるから、「我等は生死に左右せらるべきものにあらざるなり」とおっしゃる。つまりこれは、生死に対して動揺してはいかんということです。我等はただ生まれて死ぬというのではない、霊存するものである。「霊存」というのは、大法のはたらきによって生まれて死ぬ存在だというのです。「生死以外に」というのは、生死の外というのではないです。「生死以外に霊存する」とは、霊存の中に私たちの生死がある、大法のはたらきの中に私の生死があるというのです。花が咲いているのは、ただ咲いているのではない。これはそういう霊存、つまり霊の世界というか、法の世界、永遠不変な法のはたらきによって咲いて、そして散るのだ。だから生死というものは法のはたらきであるというのです。霊存の中に生死がある。

「しかれども生死は我等の自由に指定し得るものにあらざるなり」。しかし死というものは法によって決定されていることだから、生死は我等の自由に指定し得るものではない。「生死は全く不可思議なる他力の妙用によるものなり」。「不可思議なる他力」というのは、絶対他力ということです。絶対力です。生死は絶対力の不思議なはたらきによるものである、と。

生死を悲喜すべからず

ここまではいいのです。私が問題にするのはその先、「しかれば我等は生死に対して悲喜すべからず」とおっしゃっている点です。生死に対して悲しんだり喜んだりするなと書いてある。みんな法の仕事なのだから、みんな大法の活動、絶対無限の活動なのだから、生死に対して悲しむなというわけです。生死がそうであるから、「況んやその他の転変においてをや」。火災もあろうし、水害もあろうし、いろんなことがあるけれども、それに対して悲喜するなと言われる。「我等はむしろ宇宙万化の内においての、かの無限他力の妙用を嘆賞せんのみ」。この絶対力の不思議なはたらきに対して、私はこれを嘆賞しようと、こういうなかなか元気のいい、すばらしい言葉です。ああいう文語体というのはスパッとして、いいですね。聞いていると自分がそうなったような気がします。

けれども、「悲喜すべからず」と言っているのは誰かというと、悲喜している者が言っているのでしょう。「生死に対して悲喜すべからず」というのは、生死に対して苦悩している人が、みんな絶対のお力なのだから、それに対して悲喜すべからずとおっしゃっている。これを私を通していうと、みんな如来のお仕事だから、生死に対して心配するなと言い聞かせているのだけれども、言い聞かせてみても、この私は朝から晩まで生死に悲喜しているわけです。その話を聞いているときには何かスッとするけれども、次の瞬間には、一事一事が悲喜の世界ではないのでしょうか。

煩悩具足のわれらは、いろいろと悩みがいっぱいです。みんな法の活動だから、絶対力の活動であるから悲喜すべからずと言って、がんばっているけれども、腹の底はそう言っている人自体がタドンなのだから、いくら白い紙を貼って白くなったつもりでも、自性が真っ黒なタドンなのです。「悲喜すべからず」と言われるそれほどに、清沢先生は血を吐いて悲喜していらっしゃったのでしょう。精神力というようなものを持って来て、そこをカバーしておられるけれども、精神力も結構ですが、やはり限度があります。大和魂にも限度がある。神風特攻隊は命を捨てて敵地に突っ込んで行ったけれども、やっぱり行きたくないのが本当ではなかったでしょうか。

今、「悲喜すべからず」とおっしゃるけれども、本来はやっぱり悲喜していらっしゃる。みんな如来の法の仕事だから、法で決まっていることだから悲喜するなと、こうおさえてある世界を清沢先生に教えられたから私も悲喜しませんと、こういうふうなところでは安心ができないのです。

だからといって、私は清沢先生を批判しているのではありません。次の「他力の救済を念ずる」ということになると、この「悲喜すべからず」の世界が変わるのです。もう自分でどうにもならないところに他力の救済が出てくる。「他力の救済」とおっしゃらずに、「念仏を称えれば」とおっしゃればいいのですけれども。

絶対他力の大道

浄土真宗の教えは、南無阿弥陀仏ということです。創価学会は南無妙法蓮華経、南無大師遍照金剛というのは真言の教えです。どの乗り物に乗ってもいいのではない、汽車に乗るとか、ハイヤーに乗るとか、乗るものは一つ一つ違います。また、それほどにたくさんの宗教があるわけです。まあ、いろいろあるからいいのではないですか。食べものでも、人によって好き嫌いがあるから、いろんな食物があっていい。要は、腹がふくれればいいのです。

ですから親鸞聖人は、関東の同行たちが訪ねて来て、「念仏すれば地獄に落ちるとおっしゃる人もあるが、念仏すればほんとうに極楽に行くのでしょうか、念仏よりほかに往生の道とか別の法門とかがあるのでないですか」と尋ねたときに、

親鸞におきては、ただ念仏して、弥陀にたすけられまいらすべしと、よきひとのおおせをかぶりて、信ずるほかに別の子細なきなり。

私は念仏より他に往生の道を知らないのだ、みんなに嫌われたところで、「愚身の信心におきてはかくのごとし」と、こんなふうにおっしゃっています。

ともかく清沢先生は、「念仏を称うれば」とはおっしゃっていません。「他力の救済を念ずる時は」と、こういうふうに言っておられるのです。が、私たちはそういうと

ころにもまた教えられるわけです。それはやはり鏡なのです。で、後のところはさて置いて、今のところに「我等は生死に対して悲喜すべからず」と言っておられるのは、こういうふうに絶対力によって私はあらしめられているのだから、悲しんだり悩んだりして自分というものの城をゆるがしてはいけない、断固として自分という者を独立させていかなくてはならないと、やはり自分を固めていらっしゃるわけです。

そうすると、これは初めの世界、第一の往生だと思うのです。私たちは、初めは大体、達者で金があって家庭円満で、そして地位や名誉があればいいというところにいるものです。まず健康だ。その次は物の世界、それから家庭円満、そして地位や名誉。こういう四つの条件が揃えば、これで幸福だという。しかし清沢先生は、その幸福のところにはおられない。それで「絶対力によってあらしめられている」と、絶対力を持って来てカバーしておられる。そこに第一の往生があるわけです。皆さんも、達者で金があって家庭円満で地位や名誉があるというところに安心感がないから、きょうここに来て、何かこう壊れないものを探そうとしておられるわけです。そういうふうにこの清沢先生の「絶対他力の大道」を読んでいきますと、おっしゃることが読み取れてくるのではないでしょうか。

だから、「無限他力、いずれのところにかある。自分の稟受においてこれを見る」とおっしゃる。指は五本あるが、誰もがみんな五本ではないか。顔はお互いに少しずつは違うけれども、みんな目や鼻があって、舌は、砂糖は甘いし塩は辛いと味わい分ける。そこから見ても、これは私ごとではない、絶対力の現れなのだ。だから、自分の稟受において、その絶対無限を私は感得するというわけです。稟受というのは、自分のいろいろな生まれつきからもらったもののことです。

無限他力、何れのところにかある。自分の稟受においてこれを見る。自分の稟受は無限他力の表顕なり。これを尊びこれを重んじ、もって如来の大恩を感謝せよ。しかるに自分の内に足るを求めずして、外物を追い、他人に従い、もって己を充たさんとす、顚倒にあらずや。

外物を追うは貪欲の源なり。他人に従うは瞋恚の源なり。（第五節）

みんな如来さまからもらったのだから、自分のもらったもので満足しなさい。ところがそれを、外物を追い、他によって自分を充たそうとしている。これはさかさまでないか。外物を追ってゆくのは貪欲の源である。また、他人に従って他人が思うようにならなければ、それが腹立ちの源になる。だから他人に従っていても自己充足して歩いてゆかなくてはならない。みんな法から与わっているものなのだから、そこに充足していこう。と、そういうところに満足感を持っておられるわけです。

一番目の往生をとげる

しかし裏からいえば、不平があるから「不足は言うな、自己に満足せよ」というのであって、不平がなかったら自己に満足せよということは出てきません。こういうところに第一の往生の世界がある。今まで知らなかった往生の世界があるわけです。それから、

請う勿れ、求むる勿れ、なんじ、何の不足かある。もし不足ありと思わば、これなんじの不信にあらずや。

如来はなんじがために必要なるものを、なんじに賦与したるにあらずや。もしその賦与において不充分なるも、なんじは決してこれ以外に満足を得ること能わざるにあらずや。

蓋しなんじ自ら不足ありと思いて苦悩せば、なんじはいよいよ修養を進めて、如来の大命に安んずべきことを学ばざるべからず。これを人に請いこれを他に求むるがごときは、卑なり、陋なり、如来の大命を侮辱するものなり。如来は侮辱を受くることなきも、なんじの苦悩を奈何せん。（「絶対他力の大道」第四節）

「請うなかれ、求むるなかれ、なんじ、何の不足かある。もし不足ありと思わば、これなんじの不信にあらずや」。なんじがこの如来を、法を信じていないのでないか。如来はなんじがために必要なるものを与えているでないか。もしそのお与えが不充分であっても、なんじは決してこれ以外に満足を得ることができないのではないか。思うに、なんじ自身不足があると思って苦悩するのならば、なんじはいよいよ修養を進めて、これだけが如来から与わっているものだと、大命に安んずべきことを学ぶべきではないか。「これを人に請い、これを他に求むるがごときは、卑なり、陋なり、如来の大命を侮辱するものなり。如来は侮辱を受くることなきも、なんじの苦悩を奈何せん」と、自分の与わったところで満足しようと、一生懸命にやっていらっしゃるわけです。

しかし実は、ここには満足はないのです。病気がほしいわけではないけれども、出てくるのです。血を吐きたいとは思わないけれども、血が出るのです。だからそれに満足できないけれど、これは如来の大命だからといって一生懸命に修行して、そこに満足を探しておられるわけです。

こういう世界は清沢先生にかぎらず、皆さんもやっていらっしゃる、あるいはやっていらっしゃったと思うのです。皆さん結婚なさって、そこででたらめをしようと思う人はないでしょう。結婚して、その家の中で自分がいろんな不足不満があっても、これだけが私のお与えだから、そこに満足しようという努力を現在もなさっていると思うのです。しかし、その裏には、そういう不足があるわけです。けれどもこれは如来の大命だから、不足を言うということは如来を侮辱することだというところで、一生懸命に抑えているけれども、いつかは爆発する日があるのではないですか。

これを浄土真宗では三願転入と申します。第一番目が自力の世界ですが、これは自分を中心にして仏さまのものを引っ張ってきて、そこに仏さまからくださったものだから満足しよう満足しようと、自分の心の中に満足を探して安心しようとするわけです。それが第一番目の往生だと思います。

親鸞聖人は二十年間比叡山でそれをなさったけれども、いくら修行しても命は減っていっているし、周りの者も死ぬし、また自分の欲望は抑えきれない。いくら魚を食うまいと思っても、内から要求してくるのです。色気を出すまいと思っていても、体にそういう機能があるから、色気も出るのです。魚は食わずに野菜を食うとしても、野菜だって生きものです。「わしは魚は食わん、野菜を食う」というところで、人間の世界で安心感を得ようというのです。スケールが狭いですよ。それでもやっぱり生きものを食べなくては生きられないのです。キリスト教でも、あの女を好きだと思ったらすでに姦淫を犯した者であると、そんなふうなことを言います。

親鸞聖人は比叡山でそういう愛欲の問題や食欲の問題などに苦悩なさった。修行すればするほど、自分自身が食わなければ生きていけないし、しかもいくら食っても、いくら修行しても、日ごとに命は減っていっている。心の内を覗くと、愛情がほしいし、また無常感が身に迫ってくる。こういうようなところに、絶体絶命の場が親鸞聖人にお見えになって、今度は第二番目の往生があるわけです。

このたびことにとげやすし

これも皆さんにもあると思うのです。第二番目の往生でどうなさったかというと、もう比叡山では私の安定感がない、いくら自分こそがと思って力んで修行しても、これは人間同士の話です。あの人よりも道徳的に善いことをしたといっても、それは人間同士の話。水の泡がお互いに大きいとか小さいとか言い合っている程度のことです。壊れる者同士が、私はあいつよりも長生きしたと言ってみたところで、いずれは死ぬのだ。どんなに万行諸善をやっても、所詮は人間界の相対的な事柄でしかないです。

しかし、やっぱりその中にいると、世のため人のために善いことをすれば、それが何かこう仏種になるような気がするのです。善いことはしたほうがいいです。しかし、善をしない人と比べて、何かそのほうが勝れているというようなことで、自分をごまかすわけです。

けれども、生死問題からすれば、どんな善いことをしたとしても、どんなにお経を読んだとしても、一日喰らえば、一日命は減っています。親鸞聖人は、やればやるほど自分の無力に気づかれたのでしょう。いわゆる無力感ということではない、無力になればなるほど、煩悩が騒ぐのです。私は自力無効になった、そしたらみんな如来の仕事だと、こういくのではなくて、自分の力がなければないほど煩悩は騒ぐのです。自分が病気したときは、「わしは自力無効なのだから、もう死んでもいい」などという気にはなりません。病気が出ると、いよいよ煩悩は燃え立つのだと、私は思います。死にたくないというのが本心であって、「わしは力がないからいつ死んでもいい、すべては如来の仰せだ」と言って、おさまってなどいられません。如来の仰せと言われてみても、死にたくない、生きたいという本物が吹き出すのではないですか。

親鸞聖人もやはり本物が吹き出したのです。そして、どうにもこうにもならないものですから、法然上人のところにおいでになって、第二番目の往生をなさったわけです。繰り返しますが、往生ということは、行き詰まったということです。自分のいろんなことが間に合わないというところに行き詰まられて、そして今度は次の世界が出るわけです。親鸞聖人においては、法然上人に勧められて、ともかく苦しまぎれに南無阿弥陀仏と称えられた。これが第二の往生の証しなのです。

きょうここにおられる皆さんには、お念仏が出ていらっしゃる人も出ておられない人もあるでしょうが、「私はお念仏が出ません」と、私を引っぱって来なくてもいいから、とにかく往生なさった人の話を聞いておくのです。念仏が出るようになったという話は、いくら聞いてもわかりません。いろんな問題に苦悩して、それがもう自分の力の限界に来て、子供が自分を生んだ親を「お母さん！」と呼ぶように、いわば苦しまぎれに「南無阿弥陀仏」とお念仏が出なさった。それが私は二番目の往生だと思うのです。

二番目の往生で念仏して、「お母さん、お母さん」と、お母さんの力でもうちょっと明るくしてもらおう、達者にしてもらおうというのだけれども、だんだん病気がひどくなると、いくら「南無阿弥陀仏」と称えたところで、病気はひどくなる時はひどくなるし、周りからはいろんなものが出てきます。そこに縋る念仏ではなくて、反対に神仏にも捨てられる世界、神仏も間に合わないという世界、そのもう一つ下に、さっきの清沢先生のおっしゃる絶対力がはたらいてくださるのです。

自分の力も間に合わないし、神仏の力も間に合わない。その地獄の下に、その絶対力から慈悲として、絶対力が母親となって、阿弥陀仏が下に手を支えていらっしゃるのです。ですから、その「南無阿弥陀仏」は「この身を助けてください」でなくて、助けがないから南無阿弥陀仏なのです。死んだらお浄土ということを言いますけれども、その摂取不捨ということも、こちらの願いが叶ったところの仏さまは、まだ化仏です。贋仏です。その助けのないところに、そのもう一つ下に、摂取不捨ということがあるのです。

三べんそこに往生したらどうなるか。汽車に乗った人はわかりますが、自分の力は汽車の中では間に合いません。だから汽車の中では誰も走ったりはしていません。あれは乗った人だけがわかる。わかるといっても、そんなこともう考えていないです。走ったりしないと同時に、汽車に乗った人には「今私は汽車によって運ばれている」という三番目の往生があるわけです。

だから自分の力もだめ、神仏の力もだめになって、摂取に遇ってみたら、今度は絶対無限をこの頭に引っ張ってきて考えるのではなくて、私というものは私の力で存在しているのではない、絶対無限の力によってあらしめられているのだと、この身に知らしめていただくわけです。三べん往生なさった法然上人は、あるいは親鸞聖人は、一切のことが私ではない、法によってあらしめられているという世界がおわかりになった。そうなれば、このたびは二、三日内に死ぬであろうということも、もはや私に関係のないことなのです。そういうのが「このたびことにとげやすし」ということです。それからまた、死にたくないという心も、私に関係のないことです。死にたくない、死にたくないという心を取り除くのではなくて、死にたくないという心が、仏さまからくださった心だとわかるのです。死ぬのも仏さまの仕事だし、死にたくないのも仏さまからくださった心だというところに、私は心がほどけたのです。

死ぬ瞬間には、死にたくないということでバタバタするか、どんなことをするかわからないけれども、その煩悩も、これはもう私の煩悩ではないのです。いつ死ぬか、どんな死に方をするかということも、もう私に関係のないことだというところに、「このたびことにとげやすし」という言葉が出ているのです。そういう原点に立って言えば、今日まで心配したことも、みんな如来さまのくださった心配です。私が心配していることは、みんな絶対力によってあらしめられていることです。三べん往生したら、自力もだめ、神仏もだめという、こちらには微塵も動かすことのできない絶体絶命の場に、如来の法と遇うのです。そういう場所を、機法一体の南無阿弥陀仏というわけです。

今話を聞いている人は、意識のほうで聞いていらっしゃるのでしょう。しかし、今は意識で聞いていても、時節がくると、そういうことがほどけてくるということがあるのでないでしょうか。だから、臨終つき詰まった人の教えを日ごろに聴聞しておくと、なるほど、あのとき聴聞したことはこういうことなのだなあと、こういうことになるのです。

藤原鉄乗先生のご最期に思う

幼児から三十歳まで禅の修行をされた

昭和五十年二月十六日に、義父藤原鉄乗先生が九十六歳で亡くなりました。戸籍の上では義父でありますが、私にとりましては大恩ある師匠であり、むしろ鉄乗先生のことを私は昭和の親鸞聖人といただくものであります。

四年前までだったら、私はうちの父を浄土門の人であるとはしなかったでしょう。言うならば、聖道門の人だったと思っています。

鉄乗先生は、五つ六つから三十年近く禅の修行をなさったのです。早稲田大学に入学して、哲学科でいろいろ思惟なさいましたが、その後、どうしても禅では救われないということで、清沢満之先生の門下に入られた。三十年もお育ていただかれた寺を捨てて、清沢先生のところへ行かれたのです。

その後いっぺんも越後のその禅寺へは行かれなかったようです。禅宗でありながら浄土真宗の清沢先生の教えをいただくとは不埒であるというようなことで、寺から追放されなさったのでしょうか。それとも、自分は今はもう清沢先生の教えでなくてはならんというようなところで、もと居た寺を自分から捨ててしまわれたのでしょうか。私なら、自分が三十までおられた寺には、やはりおいでにならなくてはならんのではないかと思うけれども、やっぱり捨てられたのか捨てたのか、どちらかだったのでしょう。

しかし、もう一つ突っ込んでいうなら、本当に助かりたいというときは、家を捨て、夫を捨て、子供を捨てて、ぎりぎりのところで道を求めるのです。自分の子供に依っては私の苦悩が取れない。夫に依っても取れない。先生に依っても駄目なのだ。それどころか、仏さまにすがっていても駄目なのです。だから、昔から「仏殺祖殺」という。仏を捨てよ、師匠を捨てよということです。お師匠さんにすがっていたら、お師匠さんが死んだらクシャクシャになる。

だいたいお釈迦さま自身が「人につくな、法につけ」とおっしゃっています。家を出よということではありません。夫や子供や家庭にしがみついていても、本当の心の苦悩は取れないということです。べつに夫婦別れしなくてもいい。夫婦でありながら、共々に法を聞くのです。我々はなぜ家庭を営むのかというと、家庭を営んで共々に法を聞くためです。そのための道場が家です。それだから家の真ん中にお仏壇があるのでしょう。家庭円満もいいけれど、円満では私の矛盾は解けないのではないですか。

法につくというのは、法に遇った人を通して法につくのであって、善知識を選べというが、こちらに選ぶ力があったら、始めから仏です。だから、たまたまなるご縁だというわけなのです。善哉童子は五十三人の善知識を求めて遍歴したが、あれは先生の所を回ったのではない、捨てて行ったのです。皆さんも先生を捨てて行かなければいかん。こんな私にすがっていてもいかんですぞ。まして周りの者にすがっていてはいかんのだ。これを捨てなくてはいかん。

私たちはこの身一つだから、この身を捨てるわけにはいかんのです。だから煩悩熾盛なのであって、毎日命が減るごとに、この身を何とかしようと、そのお城を守っているわけです

聖道門では、いつ死んでもいいようにと、煩悩を断ち切っていくのですが、しかし、いつ死んでもいいと言っていても、この体全体が死にたくないというものでできているのだから、やっぱりいつ死んでもよいというのはごまかしです。最後には化けの皮が剝げる。なぜなら、この身というものは、この身一つを何とかしようということで出来上がっている。身自体が、そういうことになっている。つまり、この身を守るた

めにあらゆるものができているわけです。それが毎日減っていくのでしょう。そういうことを我々はなかなか痛感しないけれども、そういう筋書きなのです。

空念仏と言われるからこそ、いよいよ南無阿弥陀仏です。また、空念仏だぞとおっしゃるのも仏さまです。今まで覚えたことでだいぶ力んでいたけれども間に合わないではないかと、それは仏さまが言われるのです。まことにこの身が間に合わないからこそ、その大悲の、万物を動かしている大生命の力の、そのお命の親が六字のお名号となって、「お前というものはいないのだ」と下で抱いていらっしゃるのです。そういうところを一念帰命という。そうすると今まで称えていたのも、これは私が称えているのでない。ご本願が称えさせてあったのだと言えることになるのでしょう。そこになると、もはや個人を語らなくてもいいわけです。一切が如来のお仕事なのだ。大道を体解する方法論が、この身ですよ。

自己とは他なし、絶対無限の妙用に乗託して任運に法爾に、此の現前の境遇に落在せるもの、すなわちこれなり。

こちらの頭で「この現前の境遇に落在しているものが私だ」「ただそれ絶対無限に乗託している」と受け取るから、絶対無限は壊れてしまう。皆さんにも経験があるでしょうが、ころころ変わる頭で受け取ったのだから、しばらくは保てるけども、すぐまた壊れるでしょう。あれを「ちょこちょこ安心数知らず」と言う。それはいうならば第十九願であって、仏さまと私の間に、間がある。どういう間かというと、まだ考えるという、分別という間がある。

鉄乗先生は身をもって聖道門のぎりぎりまで歩いてくださって、聖道門はついには間に合わないということで、本当に如来に抱かれなさった。こういうところで浄土真宗の十一人目の高僧に入るわけです。始めからいえば、龍樹、天親、曇鸞、道綽、善導、源信、源空と、ここまでが七高僧。それから親鸞聖人がもちろん八人目の高僧、蓮如上人は九人目、清沢満之先生が十人目、そして藤原鉄乗先生が十一人目であると、私はいただいているわけです。

前の念いが後生を受けとる

「清沢先生は、南無阿弥陀仏と言わずに他力の救済とおっしゃった。それは念仏と言うと普遍的でないからだ」と、こういう説明する人がありますが、私はやっぱり他力の救済を念ずると言わないで、お念仏がお救いに来てくださると言いたいです。南無阿弥陀仏の御当流で滅度の世界をいただきましたと、こう言いたい。「この世にあっては正定聚不退転で、肉体滅びて滅度だ」とおっしゃる方があるけれど、私は滅度が出発だったのです。「肉体滅びて滅度」と言われるのは、私にはわかりません。肉体が死んだのではない、親に抱かれたとき、私はいないのです。だから、あの時が私の死んだ時です。体が死ぬのではないです。

「後生の一大事」ということでも、そういうことでしょう。私の命だと思っていた前の思いの命が死ぬのであって、体が死ぬのではないです。むろん、体が死ぬと思っていたから比較ができるのであって、それも必要なのですが、体が死んでそして向こうへ行くのではない、前の念いの命、私の命だと思っていた前の命が終わるのです。摂取されたら私というものはいません。私の命なんかどこを探してもないです。これは何かといえば、法性法身、法の性をもらった法の命です。私がいる間は私が法性法身であると、そんなことは言えません。摂取不捨に遇えば、親に抱かれれば、汽車に本当に乗った人は前念命終する。そして後念即生する。後の念いがすなわち生まれる。つまり「後生の一大事」が出てこなければならないのです。

そこのところを私の父は、「前の念いが後生を受けとるのであって、難しいどころの騒ぎでない」と、こう言われました。どこかで鉄乗先生のご信心の要をこちらにいただかなくてはいかん。ついて行ける人にならなくてはいかんです。ただ話にほれて、あそこがよかった、ここがよかったと言っているだけでは、私と一緒にはなりません。

姿勢がよいとかなんとか、そんなことをいくら褒めても私と関係はないです。親鸞聖人でも、ただ二十年のご修行をなさったというようなご事蹟や、こんなことを書いておられるというお言葉を知っているだけでは、何にもならないのであって、私が親鸞聖人とどこで一緒について行けるかというところがなくてはならんでしょう。それがなければ高嶺の花というだけです。

吉田松陰は、「いろんな災難がくればくるほど、私はそれを受けて立つ」と言ったそうな。偉いものだ。どうやったらあんなにふうに成れるだろうと言うが、お前さんがそういう偉いものに成れないなら、早く吉田松陰を捨ててしまいなさいということです。捨てなければ、ただの高嶺の花です。あの女の人はきれいな人だ。あんなきれいな人はめったにないと、いくら言ってみても、私の女房にならないのならそんなものは捨てていかなくてはならん。そうでしょう。そういうことですよ。

私は親鸞聖人にどこでついて行くか。清沢先生にどこでついて行くか。鉄乗先生が勉強なさった学問や思想について行ったとしても、私のご安心にはならないです。ついて行けるところで話が合うのでしょう。言われた話について行けなかったら、「ああ立派なお話をなさった」「あのお話はありがたい」といくら言っていても、私の滅度の問題にはなりません。どこで本当のお育てをいただいたか。私のために、三年の間身動きもならぬ、寝返りもできぬと苦しまれて、そして聖道自力を捨てて浄土門に転じられた。それなら私は鉄乗先生について行きます。

皆さまも、ただ「あの人は偉い人だ、あれについて行こう」などと言っていても、もう命は毎日減っているのです。そうでしょう。「八万の法蔵をしるというとも、後世を知らざる人を愚者とす」です。後世とは後念のこと、後生です。「私というものは何もいなかったのだ。私の後世は如来のご活動の中から出ていたのだった」と、そういう後世を知るを「智者とすといえり」と、こういうことなのです。

四、五年ばかり前に、鉄乗先生は「目もぬかれ、耳もぬかれて、これで大満足や」と、こうおっしゃった。しかし、私はこれにはついて行けません。大満足だとおっしゃる世界には、私はついて行けないです。皆さん、ついて行けますか。主人が三人も女をつくった、自分は中風が出た、これで大満足だと言えますか。やっぱり、どこかでついて行けるところでなくては、私と関係がないです。しかし鉄乗先生には、自分で大満足だとおっしゃる、それほどに、一生懸命に煩悩を消し、生死を離れて我が身を固めてこられた大努力があったわけです。

私は獄門にさらされとる

『高僧和讃』龍樹菩薩のところに、

一切菩薩ののたまわく　われら因地にありしとき

無量劫をへめぐりて　万善諸行を修せしかど

とありますが、そういうことを父が身をもってやってくれた。けれども、それで最期まで通せたかということです。その後二年ほど寝たきりでいた。毎日身体が不自由なのです。そうするとやっぱり、九十年かかって築かれた、固めていたご信心が、揺るぎだすのです。体じゅうで死にたくない者が、今もう死ぬというところまで来ていたら、人間の五十年ぐらいで築いたものでごまかすわけにいかんのだ。そういうところを私は見せてもらっているのです。

鉄乗先生は精神力で生きておられるというふうに、こちらが理想像を追っていますと、その先生の方が臨終のところに壊れる。日ごろは何を言っていても、いざ死ぬという時にはどうあるかはわからないです。

「皆さん、私はお浄土に帰らせてもらいます。ではお先に」と言って死ぬ人もあるでしょう。それもいいですよ。しかし、皆さんうまい具合にそんなことが言えるでしょうかね。言える人は、まあ言えると自信を持っていればいいけども、言えない人は、言えないところでついて行かなくてはならんです。やっぱり私のついて行けるところをいただかなくてはならんわけです。

最悪の場合にはバタバタして死ぬ人もあるし、首吊る人もあるし、腹上死というのもある。だから、皆さん腹上死の人を助けなければいかんのだ。私はそんなことはしませんというのでなしに、腹上死した人が私を脅迫しているのだ。いいですかね、他には何もないのですぞ。「親鸞一人」というのは、私が苦悩しているのです。「私は絶対にそんなことはしません。今までも身を固く守ってきました」と言うが、分からんぞ。今からでもどんないい人が出てくるかわからん。いろいろなのだ。そりゃわからんぞ。縁というものは何が出るかわからんのです。

『三帰依文』に出ますが、罪悪のものを助けるというところで「大衆を統理」するのです。しかし、こちらではできません。だから、私は助かった、あれはだめだと言うのではないです。私が親に抱かれますと、今度は「大道を体解」する。こちらが体解できるのではありません。如来さまに抱かれると、如来のお命から出てきて、如来の命の中にいて、明日も如来の命の中にいると、わからせていただくのです。この話だけは耳にタコがあたるほど申しておりますが、それがやっぱり話になっているのだねえ。

鉄乗先生、四年前には「目も抜かれ、耳も抜かれて大安心じゃ」と言われた。大安心というところに、みんな「あんなになりたいなあ」と思います。それもまたありがたいです。けれども鉄乗先生は、それが壊れたのだ。いよいよ最期が近づいて人間最後の苦悩に遇われたところに、今日までつくっていた牙城、私の城が揺らいだわけです。そのときの言葉に、「私は獄門にさらされとる」とおっしゃった。「大安心じゃ」と言っておられたのなら、どんな病気が出てきても大安心で通しなさればいいけれども、「私は今獄門にさらされとる」。

私は、その一言が大衆を救うところの言葉だと思うのです。浄土門の要の言葉です。獄門にさらされているというのは、九十年つくってきた信心が間に合わないようになったということでしょう。それを私は結構なことだと言っているわけです。私たちでもそういうことがありますね。いろんな話を聞いて、人生をうまく渡ろう、この身を保とうと思ってやってきたけれども、このごろそれがみんな壊れて、頭が痛いというう。私は、それは幸せだと思うのです。なぜなら本当の親が救いに来る場に立っているわけだからです。

お手上げですよ

それから三か月ばかりというもの、父はものを言わなくなりました。何を尋ねても返事がないし、何をしてあげても反応がない。いわゆる恍惚の状態でした。ところが、それほどうつろな様子だった父が、三か月後にもとの通りに復られたのです。その時の言葉が、

「お手上げですよ、お手上げです」

こうなのです。お手上げだと言われても、なかなか私たちには理解はできないけれども、先輩の歩かれた道だから、それを聞いておくことが大事でしょう。難中の難というこどですよ。しかし、お手上げしてみたら、始めから親のお仕事であったものが成就した。全部が親の活動の中となるわけです。

こういう発言をしてくださるところに、私たちのついて行く道があるのではないですか。もう一つ言うと、今本当に三か月苦悩なさって自分の城が壊れて、本当に南無阿弥陀仏に抱かれなさったら、「今まで親さまを外に見ていて申し訳ないことであった」と見えるようになられたのです。私にとっても、このお言葉が私を救済してくださる。私もやはり親に抱かれたというようなことを思っているけれども、まだ抱かれているのでなくて外に見ているのかもしれません。しかしながら、「やっぱり外に見

ていた」というほど、それほどに身も心も帰命尽十方無礙光如来の世界に抱かれなさったら、三か月の苦悩がとられて、「お手上げですよ、お手上げですよ」という言葉になった。前の「獄門にさらされている」というのとは世界が変わっているではないですか。場が変わっています。それで私は、十一人目の高僧として、ここに鉄乗先生を入れたわけです。

これは私は、自分でついて行く道で入れたのです。親鸞聖人が七高僧を選ばれるときもそうだったのでしょう。自分はこの七人の祖師方の教えによって、今、南無阿弥陀仏で助けられた。師主知識の恩徳として助けられた。「これならついて行ける」ということで、親鸞聖人はついて行かれたのです。

清沢先生にも、私はどこでついて行くかというと、

若し衣食あらば之を受用すべし。尽くれば従容死に就くべきなり。

というあの言葉がよかったのです。あれがあって、私と連絡がつかないということを教えられた。そうして清沢先生と私との間に断絶が出てきた。断絶が出てきたところに清沢先生の書かれたことに、「ははあこんなことが書かれていた」ということがわかってきたわけです。そして、前に「従容死に就くべきなり」と言われたその清沢先生が、今度は『他力の救済』のところでは、

我、他力の救済を忘るるときは、我が世に処するの道閉ず。我、他力の救済を忘るるときは、我、物欲の為に迷はさるること多し。我、他力の救済を忘るるときは、我が処するところに黒闇覆う。

と書いておられます。私は私で、あれやこれやと手を打った。どうも前の世界とこちらの世界とでは違っている。後でわかってみたら、そこには一年間の隔たりがあったのです。そうでしょう。「従容死に就くべきなり」と言う人が、「物欲の為に迷はさるる」とか「黒闇覆う」とか、そんなことを言えたものではないでしょう。

それから、明治三十五年に死なれる一年前のぎりぎりのところで、「独立者は生死巌頭に立在すべきなり」と言っておられるのです。

いろいろな苦悩の中でぎりぎりのところにおいでになったけれども、奥さんが亡くなって二人ものお子たちにも死なれて、ご自身は肺病が悪化して吐血を繰り返し、もう致命的だというところになられたら、あれだけ固めたそのご信心が揺らいできたのではないですか。そして、揺らいだところに、今度はその下に、そういう称える御名号でなくて、親が抱いてくださったのではないですか。抱かれてみたら赤ん坊になって、「お母さま、あなたの懐ろにいない時や、忘れている時は、心が暗くなって死にたくないのです」と苦衷を訴えられる。親に抱かれてみれば、死にたくないとか死んでいいとか、そんなことは言わなくてもいい。「有無をはなるとのべたもう」という世界です。

そこで私は、清沢先生を高僧の十人目に入れたのです。そして今、鉄乗先生を十一代目に入れた。これなら私はついて行ける。

如来のお手の中

「死にたくないということも如来からくださった身を守るための真である」とこう知らされるところに、「我、他力の救済を念ずるときは、我が世に処するの道開け、我、他力の救済を忘るるときは、我が世に処するの道閉ず」と言われた。世に処するの道を開くのではありません。「ああ、お手の中だった」と思い知られたのです。しかし、お手の中ということを握ってはいかんです。「義なきを義とす、南無阿弥陀仏」というわけです。しかし念仏が出ないこともありますよ。

そういうところから、「大道を体解する」という世界を教えてくださったのが念仏です。「智慧海のごとし」というのもそうです。如来のお智慧の中に宇宙全体が包まれているのです。私だけの命ではなかったということです。「大衆を統理する」ということは、みんな如来さまの統理の中に全部が入っているとわからせてもらったのです。それが御同朋御同行ではないでしょうか。

まあ力んでもよいけれども、力まなくてもいいような、死にたくないと言えるような、そういう人になって、親の懐で甘えられる。いつ死んでもよいという世界でなくて、「死にとうございません。腐っていると思うと、豆腐が喉を通りません」と、そういう世界が「摂取不捨の利益にあずけしめたもうなり」の世界でしょう。

『歎異抄』十二条に、

経釈をよみ学せざるともがら、往生不定のよしのこと。この条、すこぶる不足言の義といいつべし。他力真実のむねをあかせるもろもろの聖教は、本願を信じ、念仏をもうさば仏になる。

とあります。これが本願他力の教えです。皆さまがた、念仏が出てあるということは「本願を信じ、念仏をもうさば仏になる」という、この問題に取り組んだわけです。念仏はしているけれども、まだ本願が本当に自分のものになっていないから、念仏しても答えが出ないかもしれませんが、浄土真宗の教は、「本願を信じ、念仏をもうさば仏になる」と、この一言です。

良寛さまがもらった公案

私、良寛さまを卒業論文にご縁をいただきました。良寛さまは、お若いとき岡山の円通寺で二十年ほど修行なさったのですが、

草の庵にねてもさめても申すこと　南無阿弥陀仏　南無阿弥陀仏

というお歌があります。南無阿弥陀仏を称えるというのは浄土門であって、禅宗では称えません。すくなくとも、それが主体ではないです。「本願を信じ、念仏すれば仏になる」という教えではない。ですから、いつ禅宗から真宗に転向なさったのだろうと、それが卒論のテーマだった。何を書いたか忘れてしまいましたが、理屈っぽいことを書いていたのでしょう。

禅宗では、老師（師匠）が公案をくれるわけです。宿題ですね。私も中学二、三年のころ、禅寺で坐ったことがある。その時にもらったのは、「百尺の竿頭一歩を進むべし」という公案でした。百尺の竿の上にあがって、そこから跳べ、そしたら助かるぞというのです。わかりませんわ、これは。毎日線香を三本立てて友達二、三人と坐禅したことを思い出します。

ところが、良寛さまがもらった公案というのは「南無阿弥陀仏」だったそうです。「お前は南無阿弥陀仏ということの中身を解け」と師匠から言われた。だから実は南

無阿弥陀仏に転向なさったのでなくて、始めから南無阿弥陀仏という公案を解こうとして、それに二十年かかられたわけです。そうすると我々も、禅寺へこそ行かないが「南無阿弥陀仏」と口から出たということは、南無阿弥陀仏の中身を解こうとして、その公案を解こうとして、こうやって聴聞しているのではないですか。それで本を読んでいるのでないですか。

「本願を信じ、念仏をもうさば仏になる」。私たちは、すでに念仏しているその南無阿弥陀仏を解こうとして、三十年、五十年かかっているわけです。良寛さまも円通寺に二十年ほどおられてそれが解け、越後の国に帰られて草の庵を結び、そこで詠まれた歌が、

草の庵にねてもさめても申すこと　南無阿弥陀仏　南無阿弥陀仏

であった。「ねてもさめても申すこと」というのは、自分で念仏申してあるけれども、解けた南無阿弥陀仏です。いかなるものが出てきても、南無阿弥陀仏というところに摂取がはたらいているわけだ。親が抱きに来るわけです。独りぼっちで山の庵におられると、風邪をひいて熱を出しても誰も来てくれない。やっぱり良寛さまでも心寂しかったことでしょう。そういうところに、南無阿弥陀仏、南無阿弥陀仏と親に遇われた。親がいつでも良寛さまの口を割って救いにいらっしゃる。こういうのが良寛さま

のそのお歌だと思います。

皆さんがたも、すでに公案、つまり宿題をもらっているわけです。その証拠に、口からは南無阿弥陀仏が出ている。その南無阿弥陀仏がなかなか解けないものだから、いろいろ聞いているわけだ。口では、身も南無阿弥陀仏、心も南無阿弥陀仏と言ってみているけれども、どうも南無阿弥陀仏にならないのだ。身は体ですね。心は煩悩だらけです。いろんな心がみんな親の命から出ていると、そういうことを耳に聞かせてはいるけれど、どうもそうならない。

しかし山に籠らなくていいのです。家庭の中、台所にいても、南無阿弥陀仏と出て、ご催促してあるわけです。それでもお慈悲ですから、南無阿弥陀仏が親であったということが本当にわかれば、等正覚を得るわけです。親元に運んでもらって親の世界に行くということの裏には、私の仕事は何もなかった、みんな親の仕事だったと信知できるということがある。そうなれば煩悩もそれが親の煩悩である、生死も親の生死であると、わからせてもらう。そういうところに滅度という答えが出るわけです。

浄土真宗の教えは「本願を信じ、念仏をもうさば仏になる」ということですが、それでは本願とはどんなことか。一言で申しますと、「罪はいくら深くても、私は親だから、早く私の所に来い」というお喚び声なのです。でも、こちらに問題がない時は、なかなかお念仏もでません。

負けて信を取れ

今、家の父が、今日までの自分の信心が間に合わないようになられた。それで「お手上げや」と言われた。それは親に抱かれたということの表現であると、私は思うのです。「負けて信を取れ」と蓮如上人はおっしゃいます。こちらから言えばお手上げだけれども、親に抱かれてみたら、万物を生み出す親が六字になって、やっぱりほどけたのでしょう。

親というのがお浄土です。お浄土というのは遠いところではない、壊れない世界です。ぎりぎりのところでどうにもならないということは、まだ親に反抗しているのだ。その「どうもならん」に抱かれたら、どうもならんことはなかろう。みんな親仕事です。親の仕事なのだと、この頭で受け取るのではないですよ。「智慧海のごとく」ということは、永遠に完全な不可思議な無量寿のご活動の中から出て、今日までのご活動の仕事をしてきているのです。智慧海というのは、そういう如来のお智慧の中から完全に出てきているわけです。

そこからいうと、未来のことも、如来の完全な活動の中で私の死ぬ日が用意してあるわけです。「行く先に魂があるでしょうか、ないでしょうか」と尋ねた人があった。それで私は「あるかもしれん、ないかもしれん」と言ったのです。「そんな曖昧なことでは困る。もうちょっとはっきり言ってほしい。それであなたは助かるのか」と突っ込まれたから、「如来さまに抱かれてみれば向こう様のお仕事だから、あるかもしれんし、ないかもしれん」と言いました。それで私は楽なのです。自分から言うと、あるとかないとか言わなければ心がおさまらないけれども、親に抱かれればあるかもしれんし、ないかもしれんのです。それが親まかせになったということではないでしょうか。「それならどんな死に方するのか」と言う。それもこちらはわからなくていいのです。向こうがうまい具合に用意してある。いつも言うように、朝顔は朝のうちにしぼんで、それを証明してくれていますし、桜は数日で散って証明してくれています。

私、このごろは鉄乗先生によっていよいよ龍樹菩薩のあのご和讃がいただけるのです。

一切菩薩ののたまわく　われら因地にありしとき
無量劫をへめぐりて　万善諸行を修せしかど
恩愛はなはだたちがたく　生死はなはだつきがたし

念仏三昧行じてぞ　罪障を滅し度脱せし

私は菩薩を上の方においていたのです。聖道門からいうと、私が中心だから菩薩や仏を上におきます。浄土門からいきますと、菩薩というものは仏に遇うところですから、人間でいえば最低のところです。だから「一切菩薩ののたまわく、われら因地にありしとき」です。阿弥陀さまに遇うのは、因地、すなわちまだ遇う前です。その時私はどういうことであったかというと、「無量劫をへめぐりて、万善諸行を修せしかど」。父も九十五年の間「万善諸行を修せしかど、恩愛ははなはだたちがたく」だったわけです。そういうところに、やって助かったのではない、やってもやっても煩悩が出てきて始末がつかん。それでも無常はどんどんきている。だから「恩愛ははなはだたちがたく」です。生死は逃げて行きません。毎日迫ってきています。

父は医者なんかにかからなくていいと言っておられたのですが、病気がだいぶひどくなってから、「お医者さんを呼んでもらおうか」と言い出されました。お医者さんが帰られた後、私に、「お医者さんはどう言うた」と言われた。その辺がいいところですね。それからは毎朝決まって体操をなさる。もうああいう病人ですから、いつ死ぬかわからないというのに、寝床の上で「イチ、ニ、イチ、ニ」と体操しておられた。あれ、裏からいうと死にたくないということだね。そういう「恩愛ははなはだたちがたく、生死はなはだつきがたし」というところでは、もう他に行くところがないでしょう。親元に行くしかないでしょう。それが南無阿弥陀仏なのです。

念仏でどうかするというのではない。もう万策尽きたところに、私を生み万物を生んだ親の慈悲として表れてくださるのが南無阿弥陀仏です。そうしますと、こちらが称えていると思うからカス念仏なのだけれども、我々には、自力の念仏も、他力の念仏も、カスもないのです。親の意志でお救いに来てくださる。父も、それからというものは、死ぬまでの一年間、南無阿弥陀仏、南無阿弥陀仏と、寝ても覚めても念仏でした。そして、小言を言わないようになった。親に抱かれたら、何でも「ありがとう、ありがとう」とおっしゃった。私がおしもを替えに行くと、「ありがとう」。寒いから肩のところまで毛布でくるんであげると、「ありがとう」。これでもって最後の一年を終わられました。

それまでというものは、自分の一生が壊れてくるのが切ないものだから、周囲に八つ当たりされた。でも、仏さまに当たってみても、作った仏さまは間に合いません。こちらに微塵も救いのないぎりぎりのところでは、生んだ親のところに行くだけが、ただ一つの道です。それを一心というのです。一心一向になってこちらがやるのではない。もうその道一つしかないということを一心一向というのです。そういうところに抱かれてみたら、力みが取れなさったのでしょう。そして、ありがとう、ありがとう、ありがとう。「死生のこと、また憂うるに足らず」なのです。前とはだいぶ変わっています。

鉄乗先生の大往生

そういうところを見せてくださって、しまいにはもうお念仏も出られないようになった。そうすると今度は「おおい、おおい」と言われる。「目も抜かれ、耳も抜かれて大満足じゃ」と言った人が、情けない声で「おおい、おおい」などと言わなくてもよさそうなものだけれども、人間、命終わるところには、やっぱり寂しいだけが本当ではないですか。寂しくて「おおい、おおい」とおっしゃる。家内がそばへ行って、「何ですか」と言っても返事をなさらん。ところが、うちの嫁さんが代わったとき、「おおい、おおい」とおっしゃるものだから、「はあい、はあい」と返事したら、ちょっと安らかになられた。嫁さんがそれをみんなに伝えたから、それからは「おおい、おおい」と言われると、みんなして「はあい、はあい」と言った。それでちょっと楽になられる。

そうして最後には、吐く息だけで、息を吸うことができないようになられて、二月十六日の朝、とうとう息を引き取られたのです。

自分を変わったものにしようと思って九十五年やられた。それがまた宝なのです。それがあったらこそなのですが、しかしそこに、「私は仏の子でございます、石ころも仏の子でございます。死にとうない心も仏の心でございます。死ぬことも仏のお仕事でございます」、こういう世界、言葉で言えば、煩悩即菩提とか、生死即涅槃という世界に安住なさったのだと私はいただいています。私はこのうえ、困れば困るほど、親になってお釈迦さまと同じ世界を知らせてくださったご本願の南無阿弥陀仏を、父、鉄乗先生によってはっきり示していただいたと思うのです。

親鸞聖人は、ご自身のことを愚禿と言われました。その愚禿の、始末のつかんところに、お念仏がおはたらきくださる。本願念仏でそういう世界を知らせてもらって、滅度の世界が成就した。そういう「如来大悲の恩徳は、身を粉にしても報ずべし」とおっしゃるのです。そしてまた、そういう手本を示してくださった歴代の高僧方の「師主知識の恩徳は、ほねをくだきても謝すべし」と、こういうふうに言われたわけです。

だから親鸞聖人は関東のお同行たちに、「私は念仏によって往生した。念仏より他に往生の道を知らない。南都北嶺には立派な学者がたくさんおられるのだから、そこに行って勉強して往生なさるのもいいだろう。私においては、いずれの行もおよびがたし、というところに、この念仏の世界に遇うことができたのだ」とおっしゃったのだと、こういうふうに御当流のお念仏をいただく次第です。

行くべき道の絶えたれば

来世はよいところに生まれたい

時々こういうことを聞きます。「私はこんなひどい目に遭っているのは前世でよほど悪いことをしたのでしょうか。だから今度こそこの世でよいことをして来世にはよいところに生まれたいと思っています」と。

これは私たちが、前の生があったというようなことを無意識に感じているのではないでしょうか。そして、今生でろくなことをしていないから死んだら地獄に行くだろうと、向こうにまた私の生があるというようなことを無意識のうちに思っているわけでしょう。それで「この身今生において度せずんば」とか「いずれの生においてかこの身を度せん」とかいうと、一方ではそんなものがあるわけがないとしながらも、無意識の間に前世だの来世だののがあると思っているのでしょう。

また、臨終の人のところに行くと「お先が真っ暗だ」というようなことを言われる。

「もっと仏法を聞いておけばよかった」、「医者から、胃癌だから、あと二十日で死ぬと言われたが、何も聞いていないので、お先が真っ暗だ」と言う。これもやっぱり死んでから先の生を思ってそういうことを考えているのではないかと思います。そういう我々に対して、「この身今生において度せずんば、さらにいずれの生においてかこの身を度せん」と言われたのだと、この言葉がいただけることです。命のある今、私というものを助けておかなかったら、死んでから先に助けるというのでは遅いではないかという。これもそういう前の生ということを無意識に考えているから、今たまたま人間の生をいただいたのだから、人間の命、人間の耳をいただいている間でなくては仏法が聞けない。だから「人身受け難し、いますでに受く。仏法聞き難し、いますでに聞く」のだと。

それで「この身今生において度せずんば」。度は渡と同じですから「渡しておかなかったら」ということです。仏法を聞いて、この身をいま助けておかなかったら、「さらにいずれの生においてかこの身を度せん」。いったい、いつ助けるというのかと。つまり、初めにそういうふうに、私たちの心に覚悟をするわけです。ですから、死んでから先の生があるとしても、やっぱりこの人間の耳をいただいた時に仏法を聞いて、今助けておかなくてはいかんでないかと、そういうところに私たちは真剣に聞こうという気になるわけです。

私は思うのですが、「迷う」とか「わからない」とか「納得できない」ということがあるのは大変ありがたいことです。他人が言ったのではなくて、ご本人が「私は納得できない」「どうしてもこの問題が解けない」「この問題が解けない以上は、私の心が明るくならない」と言っている。そういう「迷う」ということが大切なのです。迷わなくては、ほどけるということはありません。

私はこれまでに何回か人さまから「自分は若い時からこういうことに苦しんで迷ってきましたが、お蔭でそれが開けました」と、こういうような内容のお手紙をいただいたことがあります。その人にしてみれば、長い間胸にしこりがあったのでしょう。それがほどけた、という。ここにおいでの皆さんにも覚えがおありかと思います。頭ではわかるけれど、どうしてもほどけない。それがよいことなのです。頭でわかった上にほどけたとなれば、それこそ「この身今生において度した」ことになる。

お釈迦さまの根本的な問題

お釈迦さまの根本的な問題はどういう心のわだかまりであったか申しますと、言葉は簡単です、「死にたくない者が死なねばならん」ということだ。これが我々人間の一番大きな関門です。死にたくないという上でいろいろなことを言うわけです。家庭がうまくいかんとか、主人がああだとか、子供がこうだとか。その根本を押さえれば、この私が死にたくないということにあるわけです。後は枝葉なのです。死にたくないということは、生きたいのだ。その生きたいものを邪魔するものがあるから、それが気になるわけです。

根本は隠しているのです。それが出てくればこの身が壊れると思うから隠すのです。みんなこの身一つが私のお城ですから、これを守ろう守ろうとして、日夜努力しているわけです。自分の身が安らかな時には「ほんとに幸せだ」と言っているけれども、その幸せは相対的というか、場所によって変わってきます。幸せの状況にあるときは幸せだけども、一つ違ってくるとどうなるかわかりません。同じ夫婦という状況でも条件が変わってくると、いい夫だとか、いい妻だとかと言っていたのが、こんなやつはないとか、これでも女房かとか、こんなふうに変わってくる。しかも、その幸せと不幸せとが裏表になるでしょう。

だから我々の幸福というのは長続きしないのです。そして、その幸不幸は、根本的にはあくまでこの身が生きたい、絶対死にたくないというところにつながっている。自分一人のときはよかったけれども、子供ができ、孫ができ、いろいろなことがあって、いよいよその「死にたくないが死なねばならない」ところの、この身の城が壊れてくるわけです。洗い流されてくるわけだ。まあ普通からいうと二十歳ぐらいの時が、城がいちばん完備しているといえるでしょう。結婚して、おめでとう、おめでとうと祝ってもらうが、新婚旅行から帰って来たころから、ぼつぼつ城が倒れかかってくるのでしょうねえ。

杖とも柱ともたのんでいた夫に先立たれるとか、体がだんだん弱ってくるとか、そういう苦しみの大元はといえば、この身一つをともかく生きたい、千万人を殺してでも生きたいという、そういう力、そういう煩悩を持っていることにあるわけです。その願いに背いて、みんな死んでいくのです。

私たちは、「どうせいっぺん死ぬのだから、毎日の生活が大事だ」と言うけれども、それがみんなこの死ぬというところ、生きたいというところにつながっているわけです。それを要約すれば、「死にたくない者が死なねばならない」ということになる。お釈迦さまもこれに悩まれたのであって、仏教の問題はこれが根本になるわけです。「死にたくない者が死なねばならない」と、こういう言葉は一つの公式であって、そんなことは覚えなくてもいいけれども、みんなその公式から応用として出てきているわけです。夫婦別れするとか、夫に他の女ができたとか、女がよろめいたとか、いろんなことがこの元の公式につながるわけなのです。

根本問題の解決

私が死なねばならない、これを生死問題といいます。死にたくない、生きたいというのは煩悩問題です。だから煩悩と生死の問題で私たちは日夜苦しんでいるのです。お釈迦さまは、その問題がほどけられた。それがほどけたから「ほとけ」というのです。私たちはその「ほとけ」の教えを聞いて自分の苦しみがほどかれた時が本当の幸福なのです。達者であっても、病気が出ていても、この問題がほどけたときがいちばん幸せなのです。それなら、病気が出てもニコニコしていられるかというと、そんなことはありません。病気が出れば死にたくないなと思うし、人が死んだら寂しいと思う。それがそのまま、元がほどけるのです。

そのほどけ方を大きく別けて、聖道門と浄土門との二つがあると、祖師方はおっしゃいます。

聖道門は、煩悩を断ち切って、いつ死んでもよい人間になるという教えです。「心頭を滅却すれば火もまた涼し」といって、焼け死んでもよい人間になるのが聖道門。しかし、どうしても自分の煩悩を断ち切ることができない人のために、今度は浄土門がある。いくら煩悩を断ち切ろうと思っても断ち切れないし、死ぬという問題が毎日追いかけてきている。その板挟みになって、そういうものを見そなわして真実の世界に行かれた人が、この方便を立ててあるのです。なかなか、死んでもいいという人間にはなれないし、死にたくないし、命は減るし、その板挟みの矛盾です。そういう胸のしこりを、自分でほどけない人のために、一つの道が説いてある。それは「本願を信じ念仏すれば仏になる」という簡単なご方便なのです。

ですから私たちは、宇宙の真理、つまり法を承知させてもらって心をほどくのであって、「達者でよかった」とか「お蔭で病気がよくなった」とかいう喜びは、また病気が出るのですから、そういうことでは問題がほどけたことにはならないのです。「如来大悲の恩徳は、身を粉にしても報ずべし」ということは、この南無阿弥陀仏のお蔭でこういう宇宙の真理を知らしてもらった。真理を知らしてもらったら、「死にたくない者が死なねばならない」という胸のしこりがほどけた。それがありがたいのです。ただ今日達者で結構なというような普通の喜び、そういう相対的な喜びではないわけです。生まれることと死ぬことの解決がつきました。いかなる煩悩も解決がつきました。今までは煩悩を取り除いて助かろうとしたけれども、煩悩を取らなくても助かる道が見つかりました。こういうことなのです。そういうところに、浄土門という門があるわけです。

仏法には八万四千の法門があるといいます。お釈迦さまがたくさんの人に一人一人説法なさった教えが八万四千あった。あるいは、それぞれの受け取り方が八万四千あったのでしょう。その中の一つである本願の道を選ばれたのが七高僧です。龍樹菩薩からずっと法然上人にきて、親鸞聖人がその八万四千の中から選択本願といって一つの道を選ばれた。選択というのは、選択することです。本願の道を選ばれた。それが、本願を信じ念仏すればほどけるという道です。そういういわれを私たちは聞いていくのです。

八万四千のどこでほどけてもいいわけだが、私は今どういうお手廻しか、お蔭様でお念仏が口を割ってくださって、お念仏によって選択本願のお力で、矛盾がほどけました。ほどけたらもう腹を立てないかというと、そうではありません。腹が立っても立たなくても、何が出てもほどけるのです。今幸せと思っていても、またコロッと不幸になって、せっかくもらった信心が壊れる、そんな信心ではないのです。何が出てきてもほどけるところの、そういう道をいただいているわけです。

それだから「念仏は無礙の一道なり」と言われるのです。わが身の方で、「ああ、お蔭で仏のお手の中だ。ありがたい」と言っているけれども、今度何かが出てくると、

「神も仏もあるものか」「仏も残酷なものだ、そんなものを与えて」と言う。無碍というのは、そういうのではないです。どんなものが出てきても、それがちゃんとほどける道を教えてもらうのがお念仏です。だから「念仏は無碍の一道」なのです。そういうことを確かにしておかなくてはいけません。何か自分の方に都合のよい、そういうものと違うのです。

大道を体解する

こちらで何かをもらうのではない。私だけでなくて万物の法、一つのきちっとしたこの真理というか法則、この法則が「ほどける教え」なのです。私たちにはいろんな心配が胸にあって、それがただほどけるだけなら答えがまた絡みつく。しかし、ほどけようが、絡みつこうが、その全体がほどける道をお釈迦さまが見い出された。それを、お念仏のお力によって私が見つけさせてもらうと、今度はみんなその法則の中に運ばれているという世界が見つかる。それが「大衆を統理する」ということです。

「大衆を統理する」ということも「智慧海のごとし」ということも、「大道を体解する」ということがもとです。私は、お念仏のお力によって「大道を体解」させてもらうのです。私があるのではない、この世界は光明無量寿命無量といわれる大法則の中に動いている、そして私もその法則の中から出ているということを知らしてもらう。そして、私の胸のわだかまりであった生まれて死ぬということも、その法則の活動であると知らしめられるのです。生まれている以上は予定の日まで死にたくない、万人を殺しても生きたいという、そういうこの肉体が法のものである。そういうふうに生きたい生きたいと思っていても、毎日命が減って、ご用がすめばまた元に帰るという法則であった。私はその法則の現れとして、法身としてここにいたのだと知らしめてもらうのが「大道を体解する」ということです。

しかし、私の力では、ただそういうことを覚えるだけです。私の力などというものは、その法の中から出ている水の泡よりも小さいのだから、そんな私の頭で法がわかるはずはないのです。あの人は阿呆で、わしは偉いと言ったり、わしはつまらん、あの人は幸せと言ったり、そんな芥子粒よりもまだ小さい人間同士の関係において、わかったとかわからんとか言っているような狭いものではない、もうちょっと広いわけです。

今夜も、空を見ると、たくさんの星が出ている。そこには地球よりもずっと大きい天体があるわけです。肉眼で見える星だけでもずいぶんたくさんあるが、目に見えない星が無尽蔵にある。むろん私たちにはその全体像はわかりません。その天体の一つに過ぎない地球に住んでいる何十億人かの中の一人がここに居るわけでしょう。この地球には昔から多くの人が住んできた。これから後も住んでいくでしょう。その中の、ほんの芥子粒のような存在でしかないあなたと私との間で、頭がよいとか悪いとか、勝ったとか負けたとか、そういうところでの小さい勝負ではないのです。もうちょっと大きいのだ。

そして、「お蔭で腹が立たないようになりました」と言っていた芥子粒が、また腹が立って「信心が壊れました」と言っていると、そんなものではない。もうちょっと話が大きいわけです。光明無量ということは、そういう大活動力があるのです。その活動力は、今日だけでなく、永遠に続いている。私はその大生命力の現れとして、ここにいるのです。そういうところには芥子粒同士がもう互いに邪魔にならないわけです。

ひまわりの種が芥子粒に言ったという。「なんだお前小さいな。わしを見ろ、こんなに大きいぞ」。種同士でやっぱり喧嘩するらしい。私たちは毎日そんなことをやっているのです。すると芥子粒が、「わしは大千世界を動かしてる仏の表現である」と言ったという。お前は小さい、わしは大きい。仏さまのお仕事に、大きい小さいなんか言う必要はないではないですか。あなたも私も共々に光明無量寿命無量の、絶対壊れない絶対間違いのない、お命の現れとしてここにいるのではないか。そんなところで相撲をとらずに手を握りましょうと、芥子粒がひまわりの種と握手したという。

そういうところに私たちも何かほどける世界があるようです。さすれば、この煩悩が仏わざだったのです。煩悩さまによって予定の日までこの命を続けさせてもらうのです。「わしは臆病なやつだ」と悩んでいる人も、如来さまに抱かれると、如来さまの方から「その臆病な心があるから、体を守れるのだ」という声が聞こえる。どんなものでも消化しないものはないです。何でも聞こえてくる。

「智慧海のごとし」というのは、人間では絶対にほどくことのできない問題をほどくところの、海のごとき智慧を授かりましたということです。仏わざとして、それがほどけたのです。「死んだらお浄土」とは「体が死んだら」ということかと思っていたが、体ではなかった。私の命ではなかった、法身であった、法の命であったと知らしてもらったということです。

死んだらお浄土の本当の意味

その時、私は死んだのだ。五十年というところにしがみついていた我の城は壊れて、この五十年は如来さまの無量寿の命の身であったとわからせてもらった。それが「死んだらお浄土」なのです。ここがそういう浄土に変わるのです。お念仏していれば体が死んだらお浄土にいくと思っていたのは、「死んだらお浄土」ということを常識で考えていたのでしょう。その常識で考えていたことがあるからこそ、こうして本当の答えが出るわけだと私は思うのです。

それでも、死ぬときに「ああ、今、諸仏が迎えにおいでになった」「阿弥陀さまがそこまでいらっしゃった」と言って逝く人があるなら、それはそれでいいのです。しかし、問題は、それについて行けるかということです。ついて行ける教えに遇わなくてはいかんのです。また、「火の車が来た！」「赤鬼青鬼が来た！」と言いながら、もがき苦しんで死んでいく人もあるかもしれません。こんなのにはあまりついて行きたくないけれども、仏さまは、やはりそういうものをも見せてくださったのです。

それからまた、火の車が来ても、そこが通れるという道がほしい。もう一つ言うなら、火の車が来てバタバタしても、死んでいけることになっているのが大安心ということです。自分はこれだけ仏さまにお参りしたのだから、死ぬ時には仏さまが迎えに来て蓮華の台に乗せて運んでくださるというのは、下手をすると落ちるかもしれん。火の車が来ても、バタバタして死んでも、自分はお蔭でどんなものがきても、いい身になったというのが、「念仏は無礙の一道」だということです。

まあ、そういうことを話にしないで、一切が如来の活動であるということを、念仏によって知らしてもらうところに、煩悩も如来さまのわざということが信知できる。「自分は死ぬのがこわい」というのも、如来さまのお仕事です。しかし、これを思いにしてはいかんので、そういうところに信知するとか、体解するとかいう言葉があるわけです。

それから、これぱかりは誰も身代りになってくれる人はいません。「ちょっと代わってくれ、わしはまだ今死ぬわけにいかんから、たのむわ」とたのんでも、だめなのだ。そう思うと、やっぱりこの生死の問題は、解決しておかなくてはならないわけです。

親鸞聖人も二十年の間力を尽くされたが解決できなかったのです。私たちは、今日聞いて覚えたものを間に合わせて何とか解決しようとしている。だいぶ壊れている城でありながらも、いろんなものをいじって力んでいるわけです。それでも自分はだんだん困ってきているものだから、それもだいぶ哀れなことになっているわけです。

そういうところに親鸞聖人の場合は、「いずれの行もおよびがたき身なれば」と、本願のほうがお出ましになったのです。そして自力聖道の教えを捨てて易行他力の道に入られたのです。比叡山を下りられたのは、そのときであったわけです。

「私の念仏は空念仏です」と言って、自分を批判しておられる方がありました。初一念ということがありますから、初めに出た念仏が一番本物だったかもしれません。

いずれにも行くべき道の絶えたれば　口割りたまう南無阿弥陀仏

行くべき道が絶えたから、口を割ってくださった初めの念仏に帰るのかもしれん。その後で、またいろいろなことがあって、積んだり崩したりしてゆき、最後には、初めに出たお念仏が真だったと、そこに帰ってくる。

しかし、なかなか最初に出た念仏のことを覚えていませんし、そしてまたいろんな話を聞くと、やっぱりだいぶ積み立てた念仏になる。積み立ててもまた壊れるものだから、また積み立てて、最後は、初めにフッとお出ましになった「南無阿弥陀仏」が本当の親子対面であったのかもしれません。

親鸞聖人をはじめ七高僧のどなたもいろいろと努力なさったけれども、結局、芥子粒のようなこの身が、大法の世界に自力で到達しようと思っていたけれども、いずれにも行くべき道が絶えたところに、親に遇う接点があったのではないでしょうか。

あの太平洋戦争のとき、今考えると、本来アメリカのほうが日本よりも強かったのだ。我々のほうは杖や竹槍を振り回して、バケツの水をリレーで送って、象に向かってカマキリがか細い斧を振り上げていたようなものだった。そういうふうに自分がわからなかったのだけれども、無条件降伏の前日が、本当の自分がわかる場所であったのかもしれません。それだから、負けたのではなくて、本当のことがわかったのです。無条件降伏したら、あなたのほうが原子爆弾を持っているような力の強い象さんで、私のほうは竹槍のカマキリだとわかった。

これまでの敵に無条件降伏、お手上げしたわけです。私たちも阿弥陀さまを敵にしているのです。そしてどうもならん、どうにもならんと言っているのですが、どうにもならんと親に反逆しているところに、お迎えがくるのです。そうしてまた、どうにもならんというところに、本当の私に面会する場所があるのです。その親元まで行く道をつけてくださるのが南無阿弥陀仏なのです。

無条件降伏しないかという向こうのお誘いがなければ、私たちはいやでも戦争を続けなければならなかったでしょう。しかしながら、もういずれにも行くべき道の絶えたところに向こうからお迎えが来て、そして無条件降伏したら、それが無条件救済だった。本当のことがわかったのです。あなたのほうは力の強い象さんで、私はカマキリでございましたと、こういうわけです。

力の強い象に対して、長い間こちらが雑行雑修自力の心をふり立てて相撲を取っていたけれども、やっても壊され、やっても壊されした。そうすると、そこに親のほうが慈悲の念仏となって、お迎えにいらっしゃるのです。子供が「かあちゃん」と呼ぶように、南無阿弥陀仏と言うところに、たとえくるくる後戻りしたとしても、やっぱり初一念というのはそういうことではないでしょうか。初めの念仏が口割ってもらったというところに親と対面して、そこに親と関わっているのではなかろうかと思います。

恩愛はなはだたちがたく

ですから、菩薩というのは、自分のほうで考えると上の方にあるわけです。なぜかというと、人間は自分を壊したくないからです。人よりも偉くなりたいと、何かしら張り合っている。母ちゃんたちでも、「うちは貧乏でも、うちの子は頭だけはいい」などと言っていますよ。負けていられないのだ。「わしゃ貧乏したけれど、嘘言うたことだけはない」と、何かでもって自分を固めなくてはならんわけです。そういう方向に向いているのが自分ですから、菩薩とか仏というものは、いちばん上にあるわけです。だから、この身を完成して仏になるというところに聖道門があるのでしょう。聖道門ということは、聖人の道ということです。

しかし親に抱かれてみると、菩薩というのは一番人間のクズであったとわかる。クズということは、みんなもぎ取られたのだ。もぎ取られれば取られるほど、苦しい。そういう者を菩薩というのでしょう。そう書いてあります。

一切菩薩ののたまわく　われら因地にありしとき
無量劫をへめぐりて　万善諸行を修せしかど
恩愛はなはだたちがたく　生死はなはだつきがたし
念仏三昧行じてぞ　罪障を滅し度脱せし（『高僧和讃』「龍樹讃」）

「一切菩薩ののたまわく、われら因地にありしとき」。因地というのは元の地です。いうならば、親の所に帰る前の時です。その時にどういうことをしてきたかというと、「無量劫をへめぐりて、万善諸行を修せしかど」。万善諸行をしてこの身を立てようとしたのです。この身を立てて、この城を守ろうと、万善諸行してきたけれども、「恩愛はなはだたちがたく」、つまり私を壊すいろんなものが出てくるというのです。腹が立つと自分を壊す。それから、腹が立つときにご飯を食べると、毒素で必ずおなかが痛くなる。このごろの自律神経失調症などというのも、いろいろと悩むから病気が出るわけだ。肝臓障害なんかもそうだそうです。飲み過ぎということもあるかもしれんが、酒を飲まない人で肝臓が悪いのは、会社で気苦労が多いという原因もあるらしい。

私が博多の予備校に通っていた時、兄と一緒に生活していたのですが、「今日は腹が痛い」と兄が困っていたから、「会社で喧嘩したやろう」と言うと、「あんな憎らしいやつはない」とボヤいていた。喧嘩して来ると、てきめんです。別に悪いものを食べたわけではない、やっぱり毒素が出るのでしょう。

ともかく、煩悩を取り去れば楽になるだろうけれども、いくら取ろうとしても煩悩が出ます。「恩愛はなはだたちがたく」です。そうすると「生死はなはだつきがたし」。毎日が火葬場行きなのです。それはもうどうにもならん。いずれにも行くべき道の絶えたところには、「ああ絶えました」などと言う余裕はない。行くべき道が絶えるほど、こちらは苦しくてたまらないのです。どうにも苦しくてたまらないところに「念仏三昧行じてぞ」と、こう帰るわけです。

皆さん方は幸せなのだから、あまり急いで念仏なんか出さない方がいい。まあ聞いておけばいいということです。私がそう言うと、お迎えがいらっしゃるものだから「私は念仏が出ません」と言いなさる。「ああ結構です、出しなさるな。あんまり阿弥陀さまを苦しめるとかわいそうだから、なるべく出さんほうが親孝行だ」と言うと、何だか出さなくてはならんようんな気になる。しかし、お慈悲ですから、ちゃんと待っておいでになるわけです。

そんなわけで、万善諸行で上へ上がって行くのでない、みんな、やればやるほど落とされていくのです。ですから、人間、裏からいえば仏に近いわけです。菩薩ということは、もう自分の力は「いずれの行もおよびがたし」で、いちばん親に近いのです。「およびがたし」どころでない、みんな親の仕事をしているのだ。それに反抗して「いずれの行もおよびがたし」と言う。そういうところに親に遇うのです。この一念帰命の場があるわけですから、落とされて落とされて「万善諸行を修せしかど、恩愛はなはだたちがたく、生死はなはだつきがたし」という苦悩の、人間の力では絶対解消できない苦悩の絶頂のところ、「いずれにも行くべき道の絶えた」ところに、「口割りたまう南無阿弥陀仏」です。そこに本願の先手をかけて念仏が出てくださるのです。

念仏三昧を行ずる

念仏三昧を行ずるというと、私たちは、一生懸命「ナンマンダ、ナンマンダ、ナンマンダ」と言うことか、ぐらいに思っているけれど、その人のナンマンダブツというのは「寝ても覚めても」などと、ただ言い聞かせているだけで、念仏してはいないです。そうでしょう。ほんの十分間のお勤めのときにさえ、「ナンマンダ」と言ってはいるけれども、他のことばっかり考えている。とても三昧なんかできません。

しかし、そのどうにもならないところに「親のところに帰るより他に道がない」ということを一心一向というのです。それには全部が否定されなくてはいかん。もうその道だけになったのです。それには、すべてに捨てられなくてはならないわけです。それも今度は親の方から「帰って来たね」と言ってくださる。それを一心一向というのです。そんなふうにお聖教に書いてあります。

一心一向というと、私たちは初めは、何か私が一心一向になることかと思うけれども、一心一向に念仏していても胸のしこりはとれないし、何か称えていれば少しとれたような錯覚をおこすのだが、いくら称えてみても、私の都合のいいのをくださいと、親の仕事を壊そうとして称えるのだから、人間が一心になったくらいで、桜は梅にはなりません。百合の花は、やっぱりだまって百合の香りをただよわせているのでしょう。こんな話をすると、皆さん難しいと思うけれども、難しいわけではないのです。難しいかもしれないが、そこには御当流という筋があるのです。

そうなると、親に抱かれたことによって「念仏三昧行じてぞ、罪障を滅し度脱せし」、罪障が消えるのだと、親鸞聖人はおっしゃるのです。

『正信偈』のお言葉に、

すでによく無明の闇を破すといえども、貪愛・瞋憎の雲霧、常に真実信心の天に

覆えり。たとえば、日光の雲霧に覆わるれども、雲霧の下、明らかにして闇《くら》きこ
となきがごとし。

とあります。

もう全部が仏さまの摂取の中なのです。貪はむさぼり、愛は可愛い、瞋は腹立ち、憎はにくむ。それを取り除くのではないのです。仏さまのほうから、イヤなやつは憎むようにしてあるのだし、気に入らなければ腹が立つようにしてある。腹が立たないようになったときは、ボケたときですよ。皆さん、年を取っても腹が立つなら喜びなさいよ。体はよぼよぼになっていても、腹が立ってカッとしたということは、頭がまだ確かな証拠です。そのままの救いというのは、全部如来さまのお手の中で活動されてあるということです。

私の歌ですが、

百花みな香りあるごと人の世の　人の仕草のみな香りあり

百花というのは百の花です。千花でもいいです。百花がみな香りがあるように、人の世の人の仕草が、みな香りがあるというのです。ユリの花はいい匂いがするけれども、ドクダミの花は臭いではないかというが、如来さまからすれば、ドクダミのにおいも、如来さまのにおいなのです。ドクダミがユリの匂いになったら変なものです。

千年前も万年前もドクダミの花はみんなあのにおいです。あれは如来のにおいなのです。

だから、「百花みな香りあるごと」というのは、人間的に言っているのではない、仏さまのにおいだ。そうすると、「人の世の人の仕草のみな香りあり」でしょう。手を上げるも下げるも、息を吸うも吐くも、みな仏さまの仕草なのです。そうすれば、水の泡も、松の木も、杉の木も、みんな仏さまの一人子ですよ。

そういうところに、皆さん、「南無阿弥陀仏」です。毎日いろんなことに苦しんでいても、下から阿弥陀さまが、「南無阿弥陀仏、わしの命から出ているぞ」とおっしゃる。そこに、お慈悲があるのではないですか。それが南無阿弥陀仏です。

苦悩の捨て場所、南無阿弥陀仏

こんな歌もございます。

念々におそう苦悩の捨て場所と　なりたまいては南無阿弥陀仏

念々とは、一息一息。「念々におそう」、襲ってくる。「苦悩の捨て場所となりたまいては南無阿弥陀仏」。一息一息にいろんな苦悩が襲ってくる、その捨て場所になってくださるのが南無阿弥陀仏です。

私、南無阿弥陀仏が出てくださる前は、阿弥陀さまは大ぼら吹きだと思った。なぜかというと、「十悪五逆の、罪はいかほど深くとも」でしょう、「諸仏に捨てられたものを、わしだけは救う」という。これはだいぶほら吹きだと思ったけれども、そうではないです。その阿弥陀さまの出どころはどこかというと、この全宇宙を永遠から永遠にかけて、生き生きと発展させてくださる大生命力の中から、六字となって私の口を割ってお出ましになるのが南無阿弥陀仏さまです。だから責任はみんな阿弥陀さまにあるのです。それで阿弥陀さまは、「困ったらそれをみんなよこせ。わしに責任がある」とおっしゃる。だから、「念々におそう苦悩の捨て場所となりたまいては南無阿弥陀仏」です。ありがたいじゃないですか。困れば困るほど、捨て場所があるのです。

事件の出るごとに、南無阿弥陀仏が下敷きになって待っていらっしゃる。ところが、この大宇宙のご活動などというものは、我々と関係がないのです。やっぱりそこに六字となって、母親となってくださるところに、我々との連絡がつくのです。

親子であっても、黙っていれば連絡がつきません。「お母さん！」というところに、母と子との連絡がつく。そのように、我々の口を割って「南無阿弥陀仏」とお出ましになるところに、その大宇宙の、その親が六字になって、「わしの手の中におるのだぞ、生まれる前も、現在も、未来も、全部わしの命であるぞ」と言って、この私を摂取してくださるわけです。

私だけではないです。あらゆるものがみんな私を責め立ててきても、阿弥陀さまは「あれもわしの仕事だ」と摂め取ってくださるのです。ヘビは永遠にカエルを呑むようになっている。罪なことです。そして憎まれる。このごろヘビが心を入れ替えてカエルを呑まないようになったなど、そんな話は聞いたことがないです。反対に、カエルがヘビを呑むようになったということも有り得ない。やっぱりそのままのお救いでなくてはなりません。ですから、ヘビはカエルを呑み、カエルはヘビに呑まれるというそのままが、南無阿弥陀仏の摂取の中にあるのです。カエルだってナメクジを食べているそうです。また、私は見たことがないけれど、ナメクジだって、あれがヘビの体につくと、ヘビの体が溶けるのだそうです。そんなことでグルグルグルグル回してあるのです。

命の年輪

まあ、苦しいことがあっても、そのことは日光に霧や雲がかかるごとくに、永遠不変なるお命が、そのようにあらしめているわけです。してみれば、食いながら命が滅るのではない。食わせてもらうのも如来の仕事です。それから、年を取ったのではない、食っただけの顔が出ているのです。あれは年輪です。

孫が言ったそうです。

「おばあちゃん、いつ死ぬの?」

お祖母ちゃんはクッときて、

「なんでそんなこと言うの?」

そしたら孫は、

「おばあちゃんはクシャクシャで、お友達に恥ずかしい。いつ死ぬの」と言う。

「おばあちゃん、運動会には来ないでね。クシャクシャのおばあちゃんが来ると、わたし恥ずかしいもん」

お祖母ちゃんは孫の運動会を見に行くのを楽しみにしていたのに、かわいそうにションボリしてしまった。「おばあちゃん、いつ死ぬの」と聞いたのは、毒気があって聞いたのではない、無邪気なものなのだ。友達に恥ずかしいという。

お祖母ちゃんはクッとしたけれど、やっぱり「南無阿弥陀仏」したら、「あの子の言うのも無理はない、でもクシャクシャの顔も無理ないわ」と思う。

そしたらまた仏さまがお智慧をくださって、

「おばあちゃんの顔はな、これは如来さまからもろうた八十年の年輪なんよ」

今度は孫がびっくりして、

「わたし、木の年輪なら知っていたけど、おばあちゃんは顔に年輪があるの?」

そうして学校に行って友達に宣伝したそうです。

「うちのおばあちゃんは偉いんよ。顔に年輪があるんよ」

「そんなら、その偉いおばあちゃんの顔、みんなで見に行こか」

今度は友達みんなでおばあちゃんの顔を見に来たそうです。

いい話でしょう。クッとしても、日ごろ聴聞していると、ちゃんとそういう言葉が出るのです。きょうの皆さんの顔も年輪の顔だ。ちょうどいい顔ですよ。そういえば、何でもちょうどいいのです。だから私は「あの先生、ちょうどいい先生や」と、そんな名前までついています。

仏さまは、悲しい時にはうまい具合に涙を出させてくださるし、気に入らないときには怒る心を出させてくださるのです。皆さん、怒る心があるから今日まで生きているのですよ。頬を叩かれたり、家に火をつけられたりしても、「わたしゃ仏法聞いているから」と言って、ハハハハと笑っていたら、何軒家があっても足りないです。亭主が浮気すると、ハハハと笑っていたりしないで、「私というものがいるのに…」と怒るから、亭主も少し慎んで陰でこっそりやるようにしている。

何から何まで成就しているのです。その上はどうすれば生きやすいかというと、気のすむことをしていくのが一番極楽です。相手の喜ぶように、相手の気に入るようにしていくのが一番極楽なのです。そういうことを俗諦門と申します。それなら何をやってもいいかというと、そうではない。何をやってもいいですが、一番楽な道を、端のほうを歩かずに、できるだけ道の真ん中を歩いて行くのです。だから、おばあちゃんも、お嫁さんも、悪いところを言い合うよりも、良いところを言ったほうがいい。今夜のおかずが一品よけいにつきますよ。

「百花みな香りある如く」に、それぞれの顔が仏さまにもらった顔です。それで四十八願の中の第四願に、「人間の顔に汚い奇麗があったら、私は正覚をとらぬ」と書いてあります。奇麗だとか汚いとかいうのは、あれは人間が見て言うのであって、仏さまからいうと、先祖伝来混ぜ合わせのちょうどいい顔です。そういうことになっているのです。そうすると、皆さんも、天上天下ただ一つの、如来さまから賜った一人子です。そういうところが南無阿弥陀仏です。

天上天下ただ一つの死に方

死ぬ日のこともそうです。如来さまのくださった死に方をするのです。バタバタして死んでも、掌を合わせて死んでも、川にはまって土左衛門になっても、その人としてみれば、天上天下ただ一つの死に方でありましょう。そうすると、人さまもやっぱり如来さまに賜った死に方で死ぬのです。きのう銃殺されて死んだ人も、弾丸に当たって死なれて、お浄土に、親元に帰っていらっしゃる南無阿弥陀仏です。

私は、死ぬときには掌を合わせて、みんなに誉められるような死に方をしようと、昔は思っていたけれども、このごろはそんな考えはやめました。向こうさまが決めてあることだ、桜は散るようになっているし、朝顔はしぼむようになっているのだから、いくらこっちが頑張ってみても、この体は向こうさまの体なのです。みんなそのままです。この顔も、天上天下唯一つの如来さまからいただいた間違いのない顔であるというところが、無明の闇が晴れたということです。

いろいろ言われても、元がそうなのだから、それで平等です。また人さまもそうですから、あの人も如来さまのお仕事をなさっていらっしゃるのだから、ああなさらなくてはならないのだと、そういうふうに人さまを見ている間に、相手がはっきりと見えるようになる。そうすれば、こっちが広くなります。如来さまのお仕事を私の命だと思うものだから、あんなやつ、こんなやつと、非難がましく言うけれども、そのもとは全部如来さまの一人子です。

ずっと以前ですが、ある人から「レコードの線は何本あるか知っているか」と聞かれたことがありました。そんなもの数えたことがないから、「大きいレコードには線の数が多いし、小さいレコードには数が少ないだろう」と言ったら、その人はニヤニヤしながら、「違う。レコードの線は一本だ」と教えてくれた。それはそうですね、一本の線の上を針がグルグル回っているのですわねえ。

私たちは、生まれたときに仏さまからレコード盤をもらっているのです。小さなレコードをもらった人は三つで死ぬようになっているし、そちらのおばあちゃんなんかはだいぶレコードが大きいわ。もうおなかに宿った時から、そのレコードはグルグル回っているわけです。オギャーと言ったときから、一本の如来の道を泣いたり笑ったりして回っていて、レコードが終わった時は、仏さまの国に帰るのです。「煩悩の林に遊ぶ」というのは、そういうことではないでしょうか。

南無阿弥陀仏がそういうことを教えてくださる。こっちが放っておいても、向こうから「南無阿弥陀仏」と出て、仏の一人子であるこの私を抱きに来てくださるのが摂取不捨のご利益です。私はそう思っているだけではない、そういう生活をさせてもらっております。年を取って、ますます気は短くなるし、だらしなくなるし、そういう私がお念仏に遇わせてもらったということは、本当に幸せです。

用がすんで如来さまの世界に帰る

念々におそう苦悩の捨て場所と　なりたまいては南無阿弥陀仏

困れば困るほど「障り多きに徳多し」です。無縁の大悲と申しまして、こちらに救いがなければないほど、如来さまの世界が深くなっていくのです。年を取れば取るほど、私の命でない、如来の命の中からあらしめられて、今も如来さまのお命の中に生かさせてもらっているのです。人には邪魔にされても、如来さまに相談しなさいよ。人がみんな、「婆さん、いい加減に死んだらどうだ」と言っても、阿弥陀さまだけは「わしはまだおまえに命を与えているのだから、ご苦労だがたのむ、たのむ」とおっしゃっているのだから、いいではないですか。そういうふうに、どんなものでも収めてくださるのです。

私は南無阿弥陀仏のお慈悲で、二十歳ごろにお念仏が出てくださって、今七十五歳になりましたが、もうちょっと命があれば、いよいよ南無阿弥陀仏のお慈悲をいただいていくわけです。

ともかく、お念仏が出そうだと思っていることが結構なことなのです。また、こっちにお念仏が出ますと、出ない人をも助けます。あれは如来さまが出ないようにさせてあるのです。でもお手の中です。皆さんの中にもあるでしょうが、私の子供は念仏せずに死んだから地獄に行っているのだろうか、という人。あれは、こちらがまだはっきりしないのです。私が南無阿弥陀仏の中にいるなら、悉皆成仏です。死んだ子が念仏しなかったにしても、親の世界から出たのだから、親の世界に間違いなく帰っているのです。水の泡は水から出たのだから、間違いなく水に帰るのだ。

だから、それは私一人の問題です。私がはっきりすると、世界中、山川草木すべて如来さまのご活動ですから。もしこの中に、子供さんが念仏せずに死なれて気になっておられる人があったら、これで安心しなさいよ。如来さまの国から来て、ご用がすんで、如来さまの世界に帰っていらっしゃるのです。

こちらが「わしゃ信心をもらった」というと、もらったバチで相手を殺すけれども、もらうのではないです。いよいよもらえないところに、親の命の中におったと、知らしてもらうのです。そこに「あの子も親の命から出て、ちゃんと親の命に帰っていらっしゃる」と、ほどけるわけです。そして、いま成仏させてもらうのです。死ぬときに念仏が出ないとか、出るとか、そんなことは関係ないのだ。問題は、こちらにあることでしょう。

無礙の一道

全宇宙を動かす生命の中

何でも、ものの初めというものは大切なのでありまして、『歎異抄』でも第一条の、しかもいちばん初めの文には、そこに浄土真宗の一切が入っております。

弥陀の誓願不思議にたすけられまいらせて、往生をばとぐるなりと信じて念仏もうさんとおもいたつこころのおこるとき、すなわち摂取不捨の利益にあずけしめたまうなり。

浄土真宗は、阿弥陀さまが主体です。阿弥陀さまというのは、一つの形をとらなければ我々にはわからないのです。偶像だというかもしれませんが、形をとってくださることで、その形を通して奥にあるところの真理が知らしめられる。だから、どうしても阿弥陀さまというお方が立ってくださらなければいけないのだと私は思います。もう一つ言うと、私たちは浄土に住んでいるのです。浄土というのは壊れない世界です。私たちはみんな、その壊れない世界からここに表現されているわけです。そんなことは小学校の子供でもわかります。なぜなら、ここにいらっしゃる人だって、みんな同じ姿をしておられるでしょう。まあ、お互いを区別しなくてはならないから、少しは変えてあるけれども、要のところは同じです。ちゃんと目鼻があって、口があって、舌なんかでも、砂糖をなめれば甘いし、塩をなめれば辛い。その他、いろんな構造が、みな同じです。つまり、私たちは個人の力で存在しているのではないのです。絶対力というか、全宇宙を動かしているところの不変なお命の中にいるわけです。

しかし、こういうことは私の意識で受けとっても、意識というものは永遠性がないから、いつもころころ変わります。私が信ずるといっても、私が信じたのではだめなのです。都合のいい時には「あの人を信ずる」と言っていても、都合が悪くなると「あんなやつは信用できん」とコロリと変わる。こういう話を意識で受けとっても、考えが間に入るから、その考えが壊れるのです。

「義なきを義とす」ということは考えではない、本当にそうなのです。いいですか。本当にそうであるのに、話ではわからないから、そこに形をとって「壊れない世界があるぞ」と向こうに浄土を立てて、「その世界に行くと安心ができるぞ」と、こういうふうにおっしゃっているわけです。しかし行ってみたら向こうではなくて、私はそういう壊れない世界から出ていたということがわかるようになっているのです。

『阿弥陀経』の中には、「お浄土という光明無量、寿命無量の壊れない絶対無限の世界があって、いま現に阿弥陀仏がその世界から説法していらっしゃる」と書かれてあります。これを、「ここまでおいでなさい、ここまで来ると、あなたも弥陀同体のさとりで、法の命であるぞ、壊れない命から出ているのだぞ」と、こういうふうに親鸞聖人は読んでいらっしゃるわけです。

南無阿弥陀仏にいたる道

それで、そこに行くにはどうしたら行けるかというと、親鸞聖人は二十年間比叡山で、行こう行こうとなさったが、壊れる私には壊れない世界に行く力がないのです。我々の不安は、壊れるということが不安なのです。どんなに壊れない話を聞いても、これを受け取る私が壊れる私なのだから、不安はほどけません。これを機法合体という。壊れない話の表現はみな法から出ていても、それを受け取る機はいっぺん意識で受け取るものだから、そこでくるくる変わるのです。これを機法合体というのは、頭で、意識で合わせているからです。皆さまも、いろいろお話を聞いて感心なさるけれども、次の日になるとケロリと忘れたりするでしょう。

そこに行くのには、三段の行き方があるわけです。そちらに座っておられるHさんが、きょう、「私に念仏が出ました」とおっしゃった。今までも出ていらっしゃったかもしれないけれども、病気をして自分というもののたよりないところに、万物を生み出した親が、ここに至って念仏しようと思い立つ心を起こさしめてくださった。そして、私というものが私の力でいるものではない、絶対無限の力でいるのだということを知らしてくださった。そういう順序であったということです。

これは先の人が話すのですから、私にわかるはずがないのです。そういう場に立たなければわからないのだ。「臨終つき詰めて仏法聞け」というのも、臨終つき詰まった人の話を聞いておくのです。そうすれば、自分にその場が出てくると、それがわかるわけです。九十歳の親鸞聖人のおっしゃったことが我々にわかるはずはない。それでも聞いておくと、時機が来たときに、それがわかっていくわけです。人生の出来事でも、そうでしょう。結婚しない人が結婚した人の話を聞いていてもわからないです。しかし結婚してみると、なるほどとわかる。子供ができると親の愛情ということもわかってきます。その場に立てばわかるわけですが、聞いておかなければわからないです。

初めに「壊れない世界にいるのだ」ということをいくら言い聞かせても、壊れる私の頭で考えているから、これが壊れるわけです。それを第一番目の往生という。Hさんが「実際、自分がどうにもこうにもならないところに『南無阿弥陀仏』が出ました」と話されたと今申しましたが、そこに第二番目の往生があるわけです。ですから私は、念仏が出られたところには、念仏の理屈はなかったと思うのです。しかしその二番目は、みんながみんなそうではないけれども、一応念仏を称えても、その念仏で私の身をかばおうというような念仏を称えるのです。それを、うたがいの念仏という。うたがいの念仏も、やるだけはやるのです。

神社にお参りをされるような人は、いわば二十願のお念仏をなさっているわけです。神さまにお願いして、身の幸せを探しておられるのでしょうけれども、しかし、いくらたのんでみても壊れる体です。少しは命が延びても、やはり壊れてゆくのではないですか。その点は我々もそうなのです。やっぱり幸せになりたいと願うわけです。

私が先日雨風で閉じ込められた天台宗のお寺でも、安産とか息災延命とかのご祈祷をしておられました。浄土真宗は、ご祈祷をしないのではないのです。祈祷をしても間に合わないということをおっしゃるのであって、あれは祈祷をした人の言うことなのです。そこを履き違えてはいけません。この身のために、また子供のために一生懸命に祈るのが人間の真です。しかし、いくら祈っても子供は死んでいく。祈らないのではない、祈っても祈っても、祈りが間に合わないのです。

それを万行諸善もするな、祈祷もするな、浄土真宗はただ南無阿弥陀仏だけだというのでは、自分の生活に添っていきません。皆さまも万行諸善をやって身の幸せを一生懸命に探しますよ。子供が病気すれば、治してやりたいと、一生懸命になります。そんなところを履き違えないようにしませんとね。

二番目の往生というのは、自分の力でやるだけやってもだめだった、神仏にたのんでもだめだったというところに、仏さまの絶対力が向こうから念仏をもって抱きに来てくださる。これを「廻向したまえり」とおっしゃるわけです。そこにおいて、身も南無阿弥陀仏、心も南無阿弥陀仏、みんなこの法の命から出ていると、先に歩いた人が言っておられます。それは私にはわかりません。わからないでしょうけれども、聞いておけば、機会があって、南無阿弥陀仏が出てくださったときに、わかるのです。

仏に成るというのは、何かこう偉いものになるように思うのだが、私が仏になったら困るのです。なぜなら、私以外の他のものはダメだというふうになるからです。私が金を持ったら、他の者は貧乏人だという。しかし後では、それが言っていいようになるのです。全部親の仕事になったら、金持ちは他の者を貧乏人だと言っていいし、貧乏人は金持ちがうらやましいと言っていい。それが還相廻向ということです。往相の廻向でいっぺん親まで往って、すべてが私なしというところまで往って、そこからものを見ると、どんなものでもみんな法から出ているということになるのです。わが身の幸せを祈ることも法から出ている。そして祈っても、死ぬ者は死ぬということになるわけです。

摂取不捨の利益

それでは、摂取不捨というのは、どういうことなのでしょうか。

弥陀の誓願不思議にたすけられまいらせて、往生をばとぐるなりと信じて念仏もうさんとおもいたつこころのおこるとき、すなわち摂取不捨の利益にあずけしめたまうなり。

はじめの「弥陀の誓願不思議」というのは、私は今のところ「不思議な誓願」と言ってもいいと思っています。不思議なる誓願に、不思議にたすけられまいらせてです。こちらがたすかるのではない、たすけられまいらせるのです。その壊れない法の世界に往生できると信じて念仏しようという心の起こるとき、摂取不捨のご利益にあうと、こう書いてある。

弥陀の誓願、本願とは何かといわれても、どうもすっきり言えないのだけれども、最近は、私はこんなふうに言っているのです。汽車に乗れば東京に連れていってやるというのが、汽車の誓願。だから「誓願不思議にたすけられまいらせて」というのは、その汽車にたすけられて東京に連れていっていただけると信じて汽車に乗れば東京に行く。こういうわけです。そうでしょう。汽車に乗れば東京に連れて行ってやるというのがお誓いです。それを信じて乗れば東京に行くのです。そうすれば、弥陀の誓願ということは、「念仏を称えれば親元へ連れて行ってやる」ということでしょう。

しかし、そのお誓いといっても、私たちはやっぱり向こうにお浄土を立てなければ、わからないのです。お浄土を立てて、こういう壊れない世界があるぞ、それに行くのには、「南無阿弥陀仏」の汽車に乗りなさいと言われるわけです。「南無阿弥陀仏」を称えなさい、称えればお浄土に連れて行ってやるぞというのがお誓いなのです。「念仏成仏是真宗」というのをもう一つ言えば、お念仏すれば仏にしてやるという誓願です。また、「大行というは無礙光如来のみ名を称するなり」とおっしゃってあるのだから、「念仏もうさんと思い立つこころのおこるとき摂取不捨」なのですから、やっぱり念仏を称えるということがなければならないわけです。

念仏すれば仏の国に連れて行ってやる、という本願を信じて称えようというときには、私たちはもうその汽車に乗っているのです。しかし「乗っているといっても、どうも乗ったような気がしません」というが、誓願というのは約束ですから、きょうわかるか、明日わかるか、十年先にわかるか、それは何とも言えません。ともかく、念仏を称えようという心の起こったとき、ちゃんと汽車に乗っていると書いてあるわけです。私は五十年前に念仏が出ました。あの時、乗っていたのだったということが、今いえるのです。

だから皆さまに勧めることは、他ではない、困ったらお念仏を称えなさい、困らなくても称えなさいということです。自分で歩ける間は汽車に乗りませんが、歩けなかったら乗りなさいと言うのです。『教行信証』にもそういうふうに書いてある。『歎異抄』も、このごろ私はそんなふうに読むのです。「弥陀の誓願」というのは、お念仏すれば仏にしてやるというのが本願のお誓いだから、それを信じて皆さんも称えているのだから、もう摂取不捨に遇っているわけです。いま摂取不捨に遇っているということがわからないけれども、いつかわかる。これが浄土真宗の教えなのです。

私が仏に成り、周りが仏に見える

私はこのごろ本願ということを、そういうふうにいただいています。「弥陀の誓願不思議にたすけられまいらせて」は、向こうさまのお仕事です。そして、「往生をばとぐるなりと信じて念仏もうさんとおもいたつこころのおこるとき、すなわち摂取不捨の利益にあずけしめたまうなり」。これが、私がきょう言いたいところなのです。念仏して、私は汽車に摂取されたと長い間思っていたけれども、抱かれてまたもう一つお浄土に往くと考えていたけれども、本当に抱かれてみたらすぐに、私は浄土におったということがわかった。

どういうことかというと、汽車に乗った人は、もう理屈はないのです。汽車に乗った人は、私の力は何にもないということが体でちゃんとわかるから、汽車の中で走ったりはしません。死んだらお浄土ということは、汽車に乗ったらもう私の力はないということが体でわかることです。どんなに力があっても、どんな学者であろうとも、汽車に乗ったら力はない。向こう任せでしょう。そうすると、汽車に乗れば、どんなものでも一切を乗せて汽車が運んでくださっているということがわかるわけでしょう。それを知らせてくださるのがご本願だと、私は思うのです。

皆さんもそうではないでしょうか。お念仏に運ばれて、体が死んだらいつかはお浄土に往くのだというようなものを並べておられたのではないかと思います。私も長らくそういうものを並べておりましたけれども、このごろは摂取不捨の利益ということがもう答えだったとわかるのです。だから私は今、たとえばこの菊の花でも、これは法身であると思うようになった。

摂取不捨ということは、汽車に乗ればいろんなことを考えたりすることは何もいらないのです。乗った人はどんな人でもみんな、「私の力は間に合わない」「自力無効だ」などという言葉さえ要らないのです。自分の力がないのだから、汽車の中で走ったりしていません。全く汽車のお運びで動いているだけなのです。そうなると、自分のことだけではなくて、他の人も法界に見えるわけです。そのように見える目をもらうのです。そうして私はそんなところからほどけてくるのです。仏に成るということは、周りのものが仏に見えるということでもあります。

私が仏に成るというのでは、何かが残っています。汽車に乗ったら、私は力がないでしょう。それで今度は、他の人もみんな汽車に乗って法で運ばれているのだから、たとえば十歳の人は十歳の顔になり、五十歳になれば五十の顔になる。うれしいときは笑っているし、悲しいときは泣いているし、気に入らなければ怒っている。そのことが私の仕事ではないということなのです。初めは私が腹を立てていると思っていたけれども、摂取されてみれば、私が怒っているのだけれども私が怒っているのはでない、汽車が運んでいるのだ。このごろそういうことを感ずるのです。

そうすると、畑に行ったらニンジン仏やらダイコン仏やらが大勢おられるわけです。

みんな私と同じ大生命のお命から間違いなく出ていらっしゃる。「山川草木悉皆成仏」というのは、そういうことでしょう。こんなことが今の私には喜びなのです。

絶対無限に乗託する

だから、腹を立てなくなるのではない、腹は立ちます。腹が立つということで、仏さまはこの身を守らせてあるのだ。法ということは、ちっとも狂いがないのです。怒り方でも二つ嫌なときは二つ怒るし、三つ嫌なときは三つ怒る。出たままが法のままです。頭ではないのです。かつては自分の力、自力は何にもいらないと言っていたけれども、摂取不捨に遇って何もないということが体で知れれば、この世界は全く法界であると、「ただそれ絶対無限に乗託」しているだけです。

しかし、私は清沢先生のお言葉の「乗託しているから死ぬことは心配しなくていい」というところには、まだ疑問が出るのです。死ぬことを心配しなくていいのではない。死ぬことを心配するとか心配しないとかも、もう私に関係のないことです。そうでしょう。汽車に乗ったら向こうの仕事であって、私に関係ないことでしょう。汽車に止まってくれと言っても、そういうわけにいかんのです。

そういうふうに十九の願でやって、毎日の生活の中でいろんなことに困って「南無阿弥陀仏」と出て、念仏を称えれば息災になるというようなこともやってみたけれども、大法の世界が全く動かせないというところに、摂取不捨の利益にあずけしめられているのです。そうしてみると、この世の中は全く法則のとおりに行っていると思うのです。それは言い過ぎだとおっしゃる人もあるかもしれませんが、今私の心境はそんなことなのです。

そこには「老少善悪の人をえらばれず」です。摂取不捨に遇うと、年寄りだからどうだとか、悪人だからどうだとか、そんなことは関係ないのです。ヘビがカエルを呑むことも、カエルがヘビに呑まれることも、これが法則なのです。つまり、善悪でものを言っているのではないわけです。善悪ということは後で考えているのであって、悪いとわかっていても悪は出てくる。悪くても悪が出て来て、その一番底辺のところに、私は摂取不捨に遇ったのです。

阿弥陀さまの慈悲というものは、老少も善悪も、そういうものを選択なさらない。みんな大法から出ているのです。だから「他の善も要にあらず、念仏にまさるべき善なきゆえに」と仰せられる。私たちは、善いことをすれば何かいい報いがくるというところにいるけれども、善いことをしても、死ぬときは死ぬのです。交通事故に遭うときは遭う。

世渡りするときには善いことをしたほうがいいです。人には評判が好くなるし、自分も楽だし、善いことをすればいいのだ。けれども、善いことをして親元へ往くのでないです。念仏すればお浄土に往くという約束なのだから、それを信ずればいいのです。信じたから称えているのです。汽車に乗ればいいのだ。だから「念仏にまさるべき善なきゆえに。悪をもおそるべからず、弥陀の本願をさまたぐるほどの悪なきがゆえに」とおっしゃってあるわけです。

無礙の一道

『歎異抄』の第七条に、

念仏者は、無礙の一道なり。そのいわれいかんとならば、信心の行者には、天神地祇も敬伏し、魔界外道も障碍することなし。

というお言葉があります。私はここのところを「念仏者は」と読むよりも「念仏は」と読むほうがいいと思います。それから「無礙の一道なり」というのは、お浄土に往くのに障りのない道だと、私はそういうふうに読んでいます。

汽車に乗れば東京にやる。念仏すれば親元にやる。それを信じた人には「天神地祇も敬伏」すると言われる。念仏には天の神も地の神も邪魔しない、つまり誰も邪魔するものがないということです。「魔界外道」も邪魔しないわけです。

罪悪があるからといってそんなことには関係なく、汽車に乗りさえすればお浄土に往けるから「念仏は無礙の一道」というのです。だから、私が仏に成るのではないのです。私を浄土に連れて行ってもらうことが浄土真宗の仏法なのだと思います。私が何か常の人とは変わった仏というものに成るのではない、お浄土に往くのが浄土真宗の要です。

もう一つは、摂取不捨に遇うのが要です。どういうことかというと、摂取不捨に遇うと、私というものはないのです。如来の法の活動だけがある。汽車に乗ったら私というものはなくなって、すべては法の仕事だとわかる。そうなれば今度は周りが仏になるのです。仏というのは「すべては法から出ている」「すべては法の仕事である」と見える人のことです。お釈迦さまも、提婆も、うじ虫も、犬も、猫も、みんな底辺には法がある。法から出ているとわかれば、今度は相手が仏に見える。相手が仏に見えれば、楽なのです。

「念仏は無礙の一道」とは、念仏して私が仏に成るというのではない、お浄土に、親元に往くのに何一つ邪魔のない道が、念仏だということです。私が仏を信ずるとかいうことではなくて、私は自力無効でどうにもならないというところに、私というものは仏によってあらしめられているのだということを知らしていただいたのです。摂取不捨に遇うと、私が死ぬのです。死んだらお浄土で、私を殺してくれるのが摂取不捨です。私というものが汽車に乗ったら、つまり私が死んだら、今度はみんな汽車のお運びということが見えてくる。世界中が法のお命《いのち》から出ていると知らしめられるのです。

だから私には今、私の信念とかいうようなものはありません。ただ南無阿弥陀仏のおかげさまで摂取不捨に遇わせてもらったということなのでしょうか。ご本願のおかげで、私の力はなかった、私というものは存在していなかったと知らされたのです。ただこの世界は、光明無量、寿命無量の大法界である。その法界の中から三世十方すべてが法界の活動であると教えていただいたのです。私が在るのではない。ここにいるこれは私ではないのです。法から顕してくださった機法一体の私であるわけです。だから同じように、今度は皆さんがみんな法身である、法のお命であるわけです。ですから、親元に往くのに何にも障りのない、必ずやっていただける念仏を「無礙の一道」というのだと、こんなふうに第七条を読んだら、何かこう読めるような気がしているのです。

汽車に乗れば必ず東京に行くのだから、念仏を称えている人には、何にも邪魔するものはない。天神地祇も邪魔しないし、魔界外道も邪魔しない。罪悪も邪魔しないし、諸善も及ばない。称えれば必ず親元まで往かせてもらうのです。もう一つ、初めから親の命から出ていたということを教えてもらうわけです。

清沢先生は、「この私が如来を念ずる時は明るくなるし、忘れると暗くなる」とおっしゃいました。私、前にも申しましたように、子供が死んだのですが、念じても明るくならないです。お念仏を称えてみても、子供の死んだことを考えると、明るくなりません。

私の歌ですが、

念仏はやさしく抱き給うなり　煮え立つ悔いの術なき我を

子供が死んだ後からいうと、あの時にもう少しああすればよかった、こうすればよかったという後悔が、次々に出てくる。けれど、子供はもう死んでしまっている。どうにもなりません。その時に念仏が出なさるのです。というのも、いっぺんは南無阿弥陀仏に抱かれたからです。忘れたら抱かないのではない、始末のつかないその下に南無阿弥陀仏とやさしく抱いてくださるのであって、やっぱり痛みは私にはとれません。

明るくはならないのです。いよいよ暗い。ただ、暗いままに南無阿弥陀仏と抱いてくださるのが、お慈悲です。称えれば明るくなるし、称えなければ暗いという、そんな私が中心ではないのです。いよいよ困るから、その下にただ念仏はやさしく抱いてくださる。痛いままの南無阿弥陀仏、哀しいままの南無阿弥陀仏です。

お念仏が出ないときは親孝行しているとき

「念仏を称えていると私の心に光明が照らし、念仏を忘れると黒暗が覆う」と清沢先生はおっしゃるけれども、私は黒闇に覆われるほど念仏が私を抱きに来てくださるのです。そういうことを私は清沢先生を鏡として教えてもらうわけです。

それから今、私はただ後悔でいっぱいなのです。後悔いっぱいで始末がつかないから如来大悲が抱きに来てくださる。だから、称えたから明るくなるとか、忘れたら暗いとか、そんな明るい暗いではないのです。いよいよ暗いから、いよいよ始末のつかないところに、如来はやさしく私を抱いてくださるのです。

念仏に抱かれたら明るくなるだろうかというと、明るくはなりません。暗いままです。子供でも、ケガをして血だらけになって、親に抱かれたら明るくなるかというと、そんなことはありません。やはり痛いままです。いよいよ暗く、いよいよ黒闇覆うからこそ親が抱いてくださるのであって、お念仏したら光明が照らすと、そんなことはないです。障りが多ければ多いほど、私を南無阿弥陀仏と抱きに来てくださる。そんなところもよく混線するのです。

そういうことを清沢先生はおっしゃっているのではないかとも思ってみるけれども、お念仏を称えても、どうも私は明るくはならないです。しかし、いよいよ暗いからこそ、いよいよ始末がつかないからこそ、私は摂取不捨のお慈悲に遇わせてもらったのです。

「さわりおおきに徳おおし」（『高僧和讃』曇鸞讃）とおっしゃるのは、そのことなのでしょう。腹が減るほどご飯がおいしいようなものです。

それからまた、清沢先生は「他力の救済を念ずる」とおっしゃるが、私には「念ぜしめられる」ということなのです。いや、それでもまだ言い足りないのであって、こちらはもう放ったらかしです。こちらが念ずるとか念じないとかは関係のないことで、困ると、お念仏のほうが、お慈悲のほうが、向こうから来てくださるのです。

ともかく毎日いろんなことが痛いのです。子供が死んだことで、なお痛い。それにつけても私は、「念仏はやさしく抱き給うなり、煮え立つ悔いの術なき我を」と、そういう煮え立つ悔いのところに明るくしてやるとおっしゃるより、やっぱり摂取不捨に抱かれてみると、暗いときは暗いままで、明るいときは明るいままで、親はあんまり必要ないようなことです。

「私はこのごろ念仏が出ません」と言いなさる人があるが、それも結構なことです。あまり阿弥陀さまを使うと阿弥陀さまも疲れるから、お念仏が出ないというときは、親孝行をしているときなのです。だから、なるべく出さんようにしなさい。それでもこちらが困っているとお念仏が出なさるのが親の慈悲なのです。

まあそんなことで、話はちょっとそれたかもしれませんが、「念仏は無礙の一道なり」とおっしゃったお心を、私なりにいただいて、拙いお話を申しましたようなことでございます。

藤原正遠師を想う

藤原正遠師と共に歩んで

藤原　利枝

古い話になるが、明治の終わり頃、父の友人で金沢在住の林五邦という方がおられました。父より若かったが京都の大谷大学の学監をしておられた。その母親が日本髪の師匠さんで、母と懇意でした。そんなご縁で、林先生も折々見えていました。私が二十歳の頃、父が林先生に「娘の婿に誰かよい人はないか」と相談された。林先生は「寺でなくてもよいか」と父の意向を確かめて、「在家でもよければ、ぜひとも会わせたい人がある」と言われた。

その人は広沢七郎といって、福岡県朝倉郡秋月出身で、明治三十八年六月十一日生まれの二十八歳だと話された。家族は両親と兄妹弟の十二人だったが、その上と下は幼くして亡くなり、上に兄六人、妹は八番目で八重と名づけられた。上の兄たちにはそれぞれ名を選ばれたのであろうが、七人目にもなると七郎にしておけということになったのかもしれません。七郎氏の出身地秋月は、黒田藩五万石の士族で、母方の先代は剣道の指南番だったそうです。

在家に生まれた七郎氏が、なぜ福岡から遠い京都の大谷大学を選ばれたのか、そのわけは旧制高校に入るため浪人をして受験勉強をしていたとき、長兄の子で姪の文子の友だちに田代園子という子がいて、いつも遊びに来ていたが、しばらく来ないので自宅に行って見ると、脳膜炎で苦しんで亡くなってしまったのです。幼くして世を去った園子さんの死を間近に見て心が塞がり、それからしばらくは山のお墓に行って、寝転んで過ごしたというのです。その時から死の問題の解決がつかないまま、進路を決めかねていたとき、通っておった剣道道場に大谷大学の学生募集のポスターが貼ってあり、そのポスターがとても素敵に見え、親鸞聖人の教えを学ぶ大学に行けば、死の問題を解決できるに違いないと考えて、谷大入学の決意をしたのです。

以前から、詩、歌を愛した七郎氏は、在学中に書いた詩、歌などが段ボール箱に一杯あったそうですが、後にそのまま京都に残して来たと聞いたとき、とても残念に思いました。

その後、七郎氏は横浜の緑ケ丘という所に郷里の両親と一緒に住んでいました。三番目の兄が当時横浜で警察官をしておられた。就職難の時代だったが七郎氏は横浜小学校に奉職することができた。

子ども好きの正遠師は、毎年進んで一年生の受け持ちになりました。やさしい人柄だったので子どもたちに慕われ、日曜、祝日などには、親のない子、恵まれない子を呼んで、おにぎりやお菓子など与え、一緒に遊び、帰りには鉛筆とか消しゴムなどを持たせ、道で出遇った子にも声をかけ、人見知りする子も黙って抱かれていたので、ある方が「現代の良寛さんですね」と言われました。ちなみに卒論は「良寛」でした。

その後、林先生から七郎氏に、「石川県の田舎の寺だけど来てくれないか。父親は藤原鉄乗という人だ」と話し出され、そんなことで写真の交換になった。私の盛装した写真はなく、急遽両親、妹たちと一緒に写ったものを送った。

先方からは一人写りの写真が届いた。その後、話が進んで林先生ご夫妻の仲人で昭和九年三月四日式を挙げ、七郎氏は浄秀寺に入寺された。その日は雪が三十センチほど積もっていたが、空は晴れていた。後、七郎氏は藤原正遠と改名された。正遠は法名でもあります。

横浜に付いて行った私は、市の授産所に通った。授産所は洋裁と和裁の部があり、私は和裁の部に入って先生方の物を縫った。朝出かけて夕方帰るまでに、浴衣一枚仕上げてきた。一学期間住んだ緑ケ丘は高台で、一方は蒼く澄んだ太平洋で外国船も浮かんでいた。また一方に、晴れた日には素晴らしい富士山が見えた。今でも思い出される懐かしい所である。

一方、私の母は持病があり私の不在中は大変だったようで、夏休みが終わってから私は家に止まることになった。

その間、横浜にいた両親は九州に帰って行かれた。

横浜から帰っていた正遠師は招かれて、今度は横須賀高女の教諭となり、一年半あまり単身赴任でした。今でも何人かの生徒との交流があります。単身赴任の時のエピソードがある、それは靴下の踵の破れた部分を上にして靴の中に置込んで、上、下反対に履いていると、絵に描いて手紙の来たことがある。

昭和十四年には横浜を引き上げ帰寺したが、後松任市立高女に勤め、国語の担任になった。授業の後に五・七・五・七・七と生徒に短歌を教えられたので、現在も短歌愛好者が多いようです。

その中に教え子の林貞子さんが、昭和六十二年、宮中歌会始めに入選されました。「試験管に今し芽吹くか裸細胞の　木となる命かすかに動く」でした。その頃の松任高女の短歌会のレベルの高かったことが窺われます。

松任高女時代の正遠師の渾名は「お与え先生」でした。「皆さん、どんなこともみんなお与えなんですよ」と話されたからでしょうか。

ある時、一人の生徒が、

「先生、電柱にぶつかってもお与えですか」

といったら、先生が、

「電柱にぶつかってもお与えですよ、でもわざわざぶつかる人ないでしょう」

と答えられた。

松任高女は家から約八キロメートルほどあるガタガタ道を毎日通われ、冬は知人の家に下宿されたこともあった。

生徒の中に、「藤原先生の自転車にはいつも雨よけの茣蓙がついているからすぐわかる」と言った。後年卒業生の中から「卒業してから今日まで人生経験を重ねて、お与えがよくわかりました」と言う方もあった。

その頃、家の者にも言わず、誰にも頼まれないのに金沢市郊外にある結核療養所を訪ね、そこで血を吐いた患者さんの口を拭いてお念仏のお話をしたのです。私は時々帰りが遅いので聞いたところ、そのような次第だったので、思わず「そんなことをして家中の者が結核になったらどうするのですか」と大声になったことがあります。すると、さりげなく、

「患者さんは喜んでいたよ」

という返事がかえってきた。

後年レントゲン検診を受けたとき、肺は綺麗ですと言われ、ありがたく思ったことです。

ある方が「あなた方夫婦は喧嘩したことはないのですか」と尋ねられたとき、

「そうやなあー、喧嘩する種がないからなー」

と答えられた正遠師でした。


話は戻りますが、高女在職中は戦争が激しくなり、先生も生徒も勤労奉仕に明け暮れた時代でした。戦争が終った昭和二十二年の七月、京都の東本願寺で教学部長をしておられた友人の訓覇信雄師の強い要望で上山することになり、東本願寺の教務部長に就任した。上山した頃は食料不足で、買い出しの人たちが列車の窓から出入りするほどだった。

後、本山改革運動の先頭に立たれていた訓覇師は退職され、昭和二十三年には「真人社」を結成して月刊「真人」誌を発行され、曾我量深師も執筆された。その頃の紙はザラザラでした。

訓覇師辞職とともに帰寺された正遠師は四十三歳頃と思われます。

父は住職を譲られたが、その後、正遠師は全国の友人の寺を訪ねる法話の旅に出ることになり、以後その旅は晩年近くまで続いた。

正遠師は若い頃から芭蕉のように全国を旅したいと願っていた、その夢が実現された人生だったのかもしれません。

「私は日本全国行かない県はない」と、あるとき言われたことがあります。私たちの地方では冬期間村の家々で法座が開かれた。たとえば二十軒ある村では十軒がお宿をされた。長靴、モンペ、マントでの出で立ちで雪の道を行く日が続いた。最近は暖冬で積雪は少ないが、そのころ一メートルは積もった。

年内はお寺方の報恩講、御門徒の報恩講が続き、年が明けると御法座が始まる。

ある冬の日、法座の帰りに、道も小川も畦も田んぼも一面の猛吹雪に遭い、倒れていたことがあった。そのとき運よく次の村の男の方が雪を見に出て、見つけてくださり、両手を持って背負うようにして連れて来てくださった。もしそのとき助けてくださる方がなかったら、九十一年という生涯はなかったでしょう。まったく奇跡と言うほかありません。それから半年あまり、心臓を悪くして病床の人となられたので、私は枕元にゆき、

「これから毎日ある御法座をお断わりしないで私が代わりに行きましょうか」

と言ったら、

「あんた人様の前でお話したことはないだろう」

と言葉が返ってきた。
「人様の前でお話したことはないけど、南無阿弥陀仏のお話をすればいいのでしょう」
「それでいいのだ」
ということになって、翌日から法話に出ることになった。

夫病めばわれ法縁に招かれて　語ることただ南無阿弥陀仏

という歌が出てくださった。正遠師は病床にあって私が法話に出ることを不安に思われたでしょう。でも幼い頃から暁烏敏師に可愛がっていただき、父の法話も筆記していたので不安はなかった。

若い頃からいろいろ疑問を持っていたことも次第に解けてゆきました。正遠師の代わりに法座に出るようになった私も次第に忙しくなり、一年の半分以上は御法話に出かけるようになった。

正遠師が米寿を迎えられたとき、全国の御法友からの御懇志により歌碑が建立されました。

あや雲の流るるごとくわがいのち　永遠《とわ》のいのちの中を流るる

と刻まれてある。その片辺には沙羅双樹がひそと冬芽を覗かせています。

米寿を過ぎてからは一人旅を案じ、私が四年間、東京、四国、近畿、九州、北海道に随行するようになりました。

平成八年年末から風邪をひいて肺炎になり、松任中央病院に入院し手当てを受けたが、翌九年一月十九日、きびしい冬の日、還らぬ人となられた。

正遠師から五百通のお便りをもらったという長崎の佐々真利子さんは「長崎正遠会」をつくられ、正遠師の晩年までご縁は続きました。師の後を追うように七十二歳で急逝されましたが、生前、佐々さんは正遠師のたくさんの本を再版してくださいました。長崎に正遠会ができてから、大分県日田市、四国の高松市、石川県松任市にも正遠会が発足しました。

三十歳まで禅の修行をされたきびしい父と違って、正遠師は誰の心にも寄り添ってくださったように思います。

私事になりますが、若い頃冬が好きでした。その理由は、体がしゃんとすることでした。浄土真宗は願行具足の南無阿弥陀仏といわれますが、親鸞聖人は比叡山で二十年のきびしい修行をされた上でのお念仏でした。私も私なりに何か行をしようと思い立って、冬は炬燵に入らない、座布団を敷かないという、ささやかな行らしきことを実行した歳月もありましたが、八十九歳の今、息子二人、娘三人、孫十六人、曾孫十七人の長者で炬燵とストーブを友として一日一日を賜わっているこのごろでございます。合掌

堂屋根の雪解初むれば旅思ふ
夫すでにはるか仏国春彼岸
草を抜く背ナに春日の暖かく　　紫水

はじめての正遠先生

柳林　良

昭和二十七年（一九五二年）九月二十日、東京暁烏会のお世話をしておられた石川暁星さん（金沢出身）のお招きで、石川さんのお宅（東京都下、吉祥寺）にお泊まりの正遠先生の岳父、藤原鉄乗先生に初めてお会いした。当時の日記が残っているので、以下それによって記す。

当時、私は某銀行に勤めていた。勤めを終って夕刻お訪ねした私は、さっそく食事のお相伴にあずかり、お酒もいただき、いろいろお話をおうかがいし、食後は先生ご機嫌よろしく、御揮毫のお手伝い（毛氈を敷いたり、墨をすったり、紙を延べたり、書き終ったのを並べたり）までしてしまった。

易往無人之浄信　昭和壬辰秋　鉄乗

の一幅を頂戴して、終電車で帰宅したときは、すでに翌二十一日になっていた。

それから一年後、昭和二十八年六月二日、銀行の勤務は各会社の株主配当金支払いの最盛期にあたり、営業は大多忙中、急に前記石川さんから電話があった。

「藤原先生がお見えになっている。今夜、浅草の浄林寺でお話がある。九時過ぎまで居られるだろうから、ぜひいらっしゃい。待ってますよ」

　昨夜は残業、八時過ぎまでかかった。同じ課の手形係は十時にやっと終った。きょうも同じような忙しさである。今夜は行けないかなと思ったが、この機会を逃しては、いつまたお会いして聴聞できるかわからない。ここは奮発して、ちょっと同僚に失敬して、早退してやろうと心に決め、みんなまだ残って仕事しているのに六時半ごろ、よんどころない用事があると断って、職場を抜け出した。

　日本橋から地下鉄を利用して約三十分。場所は、石川さんから電話でくわしく聞き、本堂を新築中の寺とわかっていたので、夕闇の中にもすぐ見当がついた。門を入ると正面は建築中、左手に普通の住宅があり、仮本堂兼書院になっていた。

　そこへおずおず入って行くと、女の方に「どうぞ」と言われた。

　玄関からのぞき込むと、すぐの部屋に石川さんが居たので一安心。仏間のほうには、すでに数人のご婦人が来ている。

　こっちの茶の間には、机を囲んで石川さんのほかに報恩寺の「若」の坂東性純さん、この寺の住職らしい方、それからもう一人の五十年輩の方。そして、坂東性純さんと話している黒い简衣の方が「藤原の若」だと石川さんが紹介してくれた。

　私は石川さんからの電話で、てっきり藤原鉄乗先生がお見えになっているのだとばかり思っていたものだから、いつまでたってもお姿が見えないのを不審に思っていたが、皆さんとお話しているうちに、だんだんと、そうではなく、実はこの藤原の「若」先生が来られたことを、石川さんは知らせてくれたのだということがわかってきた。
その「若」先生が、かねて『真人』誌や『同帰』誌でお名前だけは知っていた藤原正遠師であるということがハッキリわかったのは、お寺を辞しての帰途、石川さんに念のためお尋ねしたからであって、これはあとの話である。

お寺の雑談では、仏間に控えたご婦人方の質問に、ていねいに明快にお答えになる。笑顔で、まことにおだやかに和やかに、やさしく、ざっくばらんに、少しも偉ぶったところや、もったいぶったところがない。要するに、企んだそぶりのまったくない、自己丸出しとでもいう無防備のご態度に、私は打たれた。

しばらくして仏間に集合する。われわれのほかにご婦人方十四、五名。お勤めの後、正遠師より法話あり。清沢満之先生の「絶対他力の大道」の文などを引きながら一時間ばかり。
終ってご婦人方次第に帰り、先生も宿舎に帰られ、最後に石川さん、坂東さんらと残り、住職ご夫妻らと歓談。未熟な私は傾聴するのみ。十時過ぎ辞去、十一時半帰宅した。

ご法話の要点をメモしてあるので、左に記す。聴聞するほうが未熟だから、不充分はまぬかれない。
最初に私は、

。「場所」がかわるのである。

と書いた。ただ、それだけ。そのあと、ずうっと続く。

。信―だんだんと自分の影が薄くなって行き、如来の影が濃くなってくるのである。その反対では困る。

。自分、自我というものの、徹底的なしぶとさ。どこまでも、つきまとっている。役人の腐敗を歎き、贈収賄を憤り、憎む。その裏を返せば、おれはそういううまい汁を吸えぬのにという気持ちがある。「浮浪者」をあわれみ気の毒に思う気持ちの裏には、自分がそんな有様になったらたまらんという心がある。偉そうな、殊勝なことを言ったり考えたりする。その裏を返せば、要するに自分を愛す、自己防衛の心の偽装、偽態にすぎない。

。罪悪生死の凡夫という。「罪悪」とは、食わねばならん、食わねば生きておれんということ。要するに我らは、如来の命のあらわれを共食いして生きているのである。鳥獣、魚、植物といえども、如来の生命の現れということにおいて、われわれ人間と同じものである。それを共食いしなければ、生きていけぬのである。「生死」とは、そのようにして共食いをして生きていかざるをえぬわれわれが、反対に食われているということである。

われわれは、罪悪だけの凡夫ではない。また、生死だけの凡夫ではない。必ず、「罪悪生死の凡夫」と続けて言うべきものである。

。動物を食うに忍びないから、野菜を食って「精進料理」とかいう。だが、動物を食うより米・

野菜を食うほうが、一層罪が深いともいえる。如来の命のあらわれ、「生きもの」という点では、動物も植物も変りはない。

動物は逃げる足を持っている。われわれの手から逃げられる。けれども、植物は逃げられない。その、逃げられないものを、そういう憐れなものを取ってきて平然として食うのである。

われわれの罪は、植物を食うことにおいて、むしろ深いと言わねばならぬ。

。しかし、蠅を叩き殺すのが、何でもないようにならねばならぬ。「かわいそうだ」とかいうのは、要するに嘘である。

。「如来を信ずる」という。そうすると、信ずる「自己」がある。そうではなくて「帰入」である、「摂取」である。如来に摂め取られるのである。

「自分」というものが、如来の中に没入させられてしまう。とられたあとの光景は、如来の一人働き。「自分」というものが無い。わたくしが何をするも、何を苦しみ、何を悩み、何を喜び、何を悲しむも、すべて如来の働き。

こういうところが「生死即涅槃」「煩悩即菩提」──すべてが如来の表現である。この自分も、あの犬も、犬の小便も……

。如来と親子の関係である。如来を信ずるとか、如来を信じているとかいうのは、本当に信じてはいない証拠。親子の関係に、信ずるも信ぜぬもない。

昔から、「お慈悲で」とか「有難や」とか、涙こぼしてさも有難そう、もったいなさそうにしてきているが、そんな芝居がかった、よそよそしい親子関係はない。

本当の親子であるとわかったら、何の遠慮があろうか、「こんなことがわからせてもらえずに、どうして今までほうっておいたのか。どうして今まで、このわしを救わずにおいたか」と、如来の怠慢に文句を言うほど…私はそんなに思う。

「この身、今生において度せずんば…」という。「今生」とは、これから死ぬまでの間、そんなつかまえどころのない漠然としたものではない。「今日ただ今」ということである。

「生のみが我等にあらず。死もまた我等なり。我等は生死を並有するものなり」と清沢先生は言われる。

この「我等」とは如来のことである。自分というものとは別に如来がある、そういうものではない。自分というものが如来に帰入、如来に摂取されたのちの光景。「のち」というが、元来そうなのである。それを自覚するとせぬとにおいて、「後」といい「前」という。

如来に摂取されてしまえば、この肉体の生死など問題でないわけである。

今までは、私の中に如来を探し求めていたが、あにはからんや、如来の中に摂め取られた私を見出だす。

お念仏が出るとか出んとか、称えられるとか称えられぬとか、有難いとか有難くないとか——そんなことは問題でない。

要は、根本は、問題は、一念帰命しているか否か、摂取されているか否か。「場所」が問題な

のである。（以下略）

ここで、最初の「場所がかわる」という意味が明らかになったようである。この日から私は、長い長いお育てをいただく身となったのである。

正遠先生、そして一ツ屋のこと

黒田　進

このたび正遠先生の講話集が出版されるということで、私にも何か先生とのご縁を通して、そのお人柄の一端を書くようにとのご依頼をいただきました。

思えば、今のお寺に縁をもち、今日まで南無阿弥陀仏の教えにお育てをいただいてきたその背景に、正遠先生はじめ、鉄乗先生、一ツ屋のお寺の皆さま、さらに言えば父母、祖父母といった、そういういわば加賀の真宗門徒の歴史があったのだと、今しみじみと述懐させられることであります。

正遠先生、そして一ツ屋のお寺とは、親子二代にわたるご縁をいただいてまいりました。それで、ずいぶん私的にすぎることをお許しいただいて、少し記したいと思います。

私の父母は、金沢の農家に生を享けました。父は三男坊でしたが、後に母から聞いたことですが、祖父の「男の子が三人生まれたら、その三番目は坊さんにする」という言葉に従って得度し、真宗大谷派の僧侶になった人です。そして一ツ屋の浄秀寺さまの衆徒になったのが、正遠先生とのご縁の始まりでした。

その頃の父の歌から、当時の一ツ屋での生活ぶりが少しうかがわれます。

建前のかけ声につれ吾れも又　汗の拳《こぶし》を強くにぎらん（庫裡新築）

子供らと歌いつつゆく田圃《たんぼ》道　吾も幼き心となりき

子等を伴れわが師の方の母君を　迎えんとして村の道ゆく

父はその後結婚して、東京の浅草別院に列座としての職をえましたが、兵役につき千島で終戦を迎え、そのままシベリアに抑留されました。昭和二十四年復員し、再び一ッ屋にお世話になったようです。戦後の万事不如意の中、正遠先生はじめご家庭の方々が温かく迎えてくださったと、母は今もいっております。母に手をひかれて、遠い遠い道のりを一ッ屋まで歩いたことが、幼い頃の私の記憶としてうっすらと残っております。

父はその後、札幌別院の列座となり市内の支院に勤めることになり、やがて母と私は金沢を去って父のもとへ行くことになります。そして、札幌へ毎年のように鉄乗先生、正遠先生が布教にこられて、父のところへも立ち寄ってくださったようです。子供だった私には何もわけがわかりませんでしたが、ただおいでになるとき、当時はとても貴重でなかなか口にすることのできなかったバナナをお土産にもってきてくださったことだけは、鮮やかに覚えております。それで「バナナのおじさん」と、少年の私は呼んでいたのでした。

後々、その人が正遠先生であったことを母から聞いて、いつもやさしい笑顔の「バナナのおじさん」と正遠先生とが、はじめて一つになったのでした。

このような幼い頃からの記憶があってのことでしょうか、後に私が高校三年の冬、自分の進路に迷い、その末に「僕は大学には行かない。一ツ屋のお寺に行く」と、親に言い出したのでした。別にお坊さんになろうとかという思いがあったわけではありませんし、自分でもどうしてそのようなことを言ったのかわからないのですが、ただ無性にそのとき一ツ屋のお寺に行きたかったのです。

親はさぞ困惑したことだろうと思いますが、結局京都の大谷大学に行くことになり、一ツ屋のお寺で得度させていただくことになりました。そして正遠先生に釈浄進という法名をつけていただき、ここに親子二代にわたって浄秀寺さまにご縁をいただいたのでした。

それからは、大学が休みになると長い間一ツ屋に行き、まるで家族の一員になったような気持ちで過ごしました。そうして、八月のはじめに開かれていた仏教夏期講習会には、毎年のように参加し、全国から来られた同行衆と生活を共にしました。

近在のご門徒から野菜などがたくさんあがり、ナスやキュウリの漬け物、トマト、なすびの炊いたオランダ煮がおかずでした。正遠先生がいつも、

「合掌。お与えのこの尊い食物をいただいて、身心に力が満ちてまいりました……」

と高唱され、皆で唱和したことが、今もありありとよみがえってきます。大変な参加者の数で、食事は二番膳、三番膳とあったかと思います。

毎朝五時起床、清掃、六時勤行法話、そして朝食。午前午後と法話、夕食後は参加者の感話といった日程でした。鉄乗先生、正遠先生、池田勇諦先生の法話。そして利枝さん、正洋さん、正廣さんの法話。ときに三上一英さん、吉田龍象さんのお話と、いま思うとずいぶん盛りだくさんの、それこそ

仏法味に浸りきるような毎日でした。

休憩時間になると、あちこちに人の輪ができて仏法談義です。そこに正遠先生が加わられ、暑い頃のこと、浴衣にうちわを手にして話しておられました。勤行に『正信偈』訓読、清沢満之の「絶対他力の大道」を全員で唱和しました。法話の前に三帰依文をとなえることも、一ッ屋ではじめて体験したことです。求道心に満ちたというか、熱気あふれるその雰囲気の中にいるだけで、なにかわからないながら、ここに生きた仏法の世界があるのだなあという、充実感を覚えておりました。

正遠先生のご法話は、いつもご自分の身に引き当てて味わわれる南無阿弥陀仏のお話であったという印象が残っております。先生方は全国各地に仏縁を結んでおられましたので、それこそ北海道から九州から、そして近在の同行衆で本堂が満ち溢れておりました。

後に私は、縁あって今のお寺に入寺したのですが、青年時代に一ッ屋で体験したことが私のお寺像として強く焼きついておりました。間もなく教団問題をくぐる中で同朋会運動にふれ、京都の同朋会館での上山奉仕を経験するたびに思い出すのは、一ッ屋での夏期講習や浄秀寺さまのご家族の日頃の生活のことでした。真宗門徒の生活文化の回復が同朋会運動の願いであると言われますが、その原点というか原風景が一ッ屋のお寺にあったのだなあという思いです。

さらに、そうした信仰運動の原型といったものが、一ッ屋ばかりでなく、暁烏敏師の北安田明達寺、高光大船師の北間専称寺、そして訓覇信雄師の菰野金藏寺等と、裾野の広いものであったことを知ったのは、後々のことでした。

私的にすぎることを承知で記述しましたが、正遠先生のことを思うと、一ツ屋のお寺のことが思われ、ご家族のこと、たくさんの同行衆のこと、さらに父母のことなどが思われてならず、ついこのような内容になってしまいました。

今回改めて正遠先生のご法話『親のこころ、子のこころ』（法藏館）を拝読して感じたことがあります。たとえば、この中の、

> いずこにもゆくべき道の絶えたれば口割り給う南無阿弥陀仏
>
> どうにもこうにも助からぬから、おまかせの南無阿弥陀仏であります。いよいよ罪業深重にして始末がつかぬから、うち仰ぐ南無阿弥陀仏であります。いよいよ腹立ちが止《や》まぬゆえに、南無阿弥陀仏に私を放り込むのであります。思案の絶頂にいつも待って下さる南無阿弥陀仏であります。（一九頁）

こういうことが若い頃にはいただけなかったのです。むしろ反発さえ感じておりました。しかし、今こうして正遠先生のことをしみじみ思い起こしながら拝読すると、なにか自ずからうなずかされるものを感ずるのです。先生が、どのような悪戦苦闘を通してこのような信境になられたのか。繰り返し繰り返し我が身に問い、南無阿弥陀仏にたずねられる歩みの中で、出遇っていかれた世界なのであろうなあと、感ずることです。

そういう意味では、私は正遠先生のお心に出遇ってこなかったのだなあと、慚愧の念が湧いてくるのを禁じ得ません。そうして、今回講話集が出版されるのを機に、あらためて、否、新たに正遠先生

のご法話に接したいという念を抱いております。

昭和四十九年、拙寺の御遠忌にご法話をお願いした折、お世話された門徒の人が、先生に書を願われ、その家では法事の度にそれを床の間にかけております。

あや雲の流るるごとくわがいのち　永遠《とわ》のいのちの中を流るる

先生のお人柄、その信仰の風光がよくあらわれている歌と、今はいただいております。『大経』の五十三仏の第二に「次に如来ましましき、名をば光遠と曰《い》う」とあります。すでに正遠先生はお浄土の人となられました。その意味では「正に光遠し」であります。しかしながら、今改めて先生のご法話に接するとき、先生の温顔とやさしいそのお声と共に「光、正に遠くありて、吾を照らしたもう」そのような感懐を持つのであります。

数年前、亡き父の永代経をご縁の深かった一ツ屋のお寺にお願いしたいという、母のお供をして久しぶりで浄秀寺さまにお参りしました。正洋ご住職の読経に、私どもと一緒に正遠先生ご夫妻がお参りしてくださった、そのお姿が今も目前に浮かんでまいります。

最後に、父が晩年、札幌へ布教にお見えになった正遠先生をうたった歌を「正遠先生二首」として残しておりましたので、それを記して拙い筆をおきたいと思います。

病臥との米寿の師の君来札す　夢うつつかと夏空蒼し

師の君の胸奥辿りし法話なり　下向路軽く天高くあり

執筆者紹介

藤原利枝（ふじはら　としえ）
一九一三（大正二）年生まれ。石川県出身。
真宗大谷派浄秀寺前坊守。
現住所　能美郡川北町一ツ屋

柳林　良（やなぎばやし　りょう）
一九一九（大正八）年生まれ。茨城県出身。
現住所　東京都葛飾区

黒田　進（くろだ　すすむ）
一九四四年（昭和一九）年生まれ。石川県出身。
真宗大谷派満立寺住職。
現住所　長浜市宮司町

藤原正遠講話集　第二巻　法話

二〇〇二年五月一五日　初版第一刷発行

著　者　藤原正遠

発行者　西村七兵衛

発行所　株式会社　法藏館

京都市下京区正面通烏丸東入

郵便番号　六〇〇-八一五三

電話　〇七五-三四三-〇〇三〇（編集）

〇七五-三四三-五六五六（営業）

印刷・製本　中村印刷株式会社

ISBN 4-8318-4502-7 C3315

藤原正遠講話集　全五巻

第一巻 ―『正信偈』依経分の講話と、『愚禿悲歎述懐和讃』などの解説を収める。正遠師の世界が、聖教によって語られる。

第二巻 ― 正遠師の世界がよく表された講話を精選して収録。人間の分別を破って大法の世界に生きることの安らかさを説く。

第三巻 ―『法爾』誌に発表された昭和五一年から昭和五九年までの文章を収録。正遠師の世界が色々なことによせて語られる。

第四巻 ―『法爾』誌に発表された昭和六〇年から平成五年までの文章を収録。最晩年の正遠師の世界が語り出される。

第五巻 ― 昭和六年から最晩年まで、生涯を通して作られた数多くの歌の中から、藤原利枝師が五〇〇首を精選して収めめる。